飛躍する中小企業都市

—「岡谷モデル」の模索—

関 満博・辻田素子 編

新評論

はじめに

バブル経済の崩壊以後、一〇年を経過し、二一世紀に踏み込んだものの、日本経済は依然として次のステージを見出しえていない。経済の潤滑油であるはずの金融は混迷の中から脱出できず、また、失業率は毎月の発表の度に高まり、大学新卒の就職難は「超氷河期」の状態を続けている。一九八〇年代中頃までは、こうした事態が生じるなど全く予想もされていなかった。日本経済、日本産業にとって思いもよらない事態が続いているということであろう。

このようなマクロの困難の中で、地方経済はさらに難しい状況に陥っている。事実、地方小都市の多くは、この二〇～三〇年の必死の努力によって大都市圏からの有力企業の工場誘致に成功し、経済基盤をかつての農業から工業に切り換えたと思っていた矢先に、誘致工場のアジア移管、事業縮小に直面している。そして、新たな経済基盤を獲得しようにも、全く次の道筋を見出すことができないでいる。久し振りに訪れた地方小都市の馴染みの店を探しても、空店舗となり、かなり長期にわたって閉じられたシャッターの錆びついている姿に意外な思いを深めるであろう。全国に限りなく多い人口三～六万人程度の地方小都市は、いま存亡の時を迎えているといってよい。

振り返るまでもなく、全国各地の人口三～六万人程度の小都市は、豊かな歴史、文化を育んできており、実に魅力的な地域である場合が少なくない。地元の材料による工夫を重ねた食品、土地の良さに育まれた地酒、そして、風景に溶け込んだ地元を愛している魅力的な人びと。これらはまさに日本の良さを醸し出しているといってよい。こうした魅力的な地方小都市が経済基盤を脆弱化させ、疲弊していくことは、日本の将来にとって重大な問題であるように思えてならない。歴史的、文化的にまとまりのある身の丈サイズの地方小都市こそ、そこに住まい、働く人びとの愛情が注がれる「大切な土地」なのである。そうした「地域」に私たちは改めて大きな価値を見出していくべきだと思う。豊かな地方小都市こそ、私たちの大事にしていかなくてはならない「こころの拠り所」なのである。

そして、このような全国の地方都市の中でも、危機感をバネに新たな方向に向かおうとしている「地域」が目につくようになってきた。もちろん、各地方小都市の置かれている状況は様々である。それぞれの地方小都市が、その置かれた状況を的確に受け止め、さらに地域の経営資源を見直し、人びとのエネルギーを結集し、独自な方向を見出していくならば、日本の地方圏にも新たな時代が訪れるであろう。是非、それぞれの地方小都市が可能性を信じて一歩を踏み出し、新たな局面を切り開いていって欲しい。一つの成功が周囲に刺激を与え、そして、新たな希望をもたらすことはいうまでもない。

以上のような地方小都市をめぐる厳しい状況の中から、本書では、精密機械工業化により独特な発展を示した長野県岡谷市に注目していくことにする。岡谷は山ふところに抱かれた諏訪湖に面する人口約六万人の地方小都市であり、戦前期から製糸工業の栄えた工業都市として知られてきた。戦後は戦時疎開の時計、カメラ企業を母体に見事に精密機械工業の集積地に変身し、東洋のスイスといわれるまでに発展したのだが、七〇年代のメカニクスからエレクトロニクスへの転換という技術革新、円高を背景にするカメラ、時計等のアジアへの生産移管などに直面し、八〇年代以降、歴史的な転換を余儀なくされてきた。ある意味では、日本の産業構造調整の先駆的かつ象徴的な歩みをみせてきたとさえいってよい。

　そうした意味で、七〇年代以降の岡谷機械工業の苦難と、それへの対応の歩みは、日本の産業構造調整全体、さらに、日本の各地に広く展開する地方小都市の未来に向けての一つのモデルケースということもできる。私たちは岡谷の人びとの困難を乗り越えようとする歩みから、実に多くのことを学ぶことができるであろう。詳細は本文の中で述べることにして、現在、岡谷ではカメラ、時計からの転換、中小企業自らの果敢な海外進出、新たなネットワークの形成などが模索されている。それらの取り組みは日本の中小企業にとって、さらに、地方小都市にとって一つの「希望の光」となるであろう。岡谷の人びとの歩みと目指す方向は、将来、「岡谷モデル」として語られることは間違いない。是非、さらにエネルギーを蓄え、先鋭的な取り組みを重ねていって欲しい。岡谷の一つの成功が全国の地方小都市へのエールとなることが期待されている。

　ところで、『飛躍する中小企業都市』と題する本書は、著者たちのシリーズ第一七冊目の共同研究となった。これまでの報告の中で、個別地域産業研究のスタイルをとったのは、岩手県北上を取り扱った第五冊目の『テクノポリスと地域産業振興』、長野県坂城を扱った第七冊目の『地方産業振興と企業家精神』、そして、新潟県燕を扱った第一一冊目の『変貌する地場産業』、神戸市長田のケミカルシューズを扱った第一五冊目の『阪神復興と地域産業』、造船の城下町岡山県玉野を扱った第一六冊目の『挑戦する企業城下町』であり、本書は第七冊目となる。日本全国には実に興味深い地域があり、今後に取り扱ってみたいテーマが限りなく多い。それらの地域を担っている人びとと一つひとつ交流を重ねながら、日本の地域産業の将来を見据えていきたいと思う。今後とも発展途上の私たちに対して、諸先輩のいっそのご指導をお願いできれば幸いである。

また、本書を作成するにあたっては、実に多くの方々のお世話になった。現地調査のさいに深い配慮をいただいた岡谷市長の林新一郎氏をはじめ、岡谷市役所の小口謙三氏、井出皓基氏、古川清昭氏、浜活秀氏、杉本研一氏、井岡雅彦氏、木下稔氏、白上淳氏、宮澤二郎氏、栩木毖氏にはたいへんにお世話になった。記して、感謝を申し上げたい。さらに、私たちの研究会メンバーを快く受け入れていただいた地域の中小企業の皆様のいっそうの発展をお祈り申し上げたい。地域を愛し、地域の未来のために心血を注いでいる方々との交流は何ものにも代えがたい思いがする。岡谷が日本の地方小都市の一つのモデルとして光輝いていくことを祈念したい。最後に、いつも私たちのわがままを聞いていただいている二瓶一郎氏に深く感謝を申し上げる次第である。

二〇〇一年三月

関　満博
辻田素子

目次

序　章　地方工業都市の現在

　昨今、介護保険の導入等をめぐって、現行の約三二三〇といわれる市町村の数は多すぎるなどの議論が勢いを増している。合併を進め、半分、あるいは三分の一程度に減らすべきなどが主張されている。実際、人口、財政規模の小さい自治体では、将来の高齢社会への対応力は乏しいというのかもしれない。おそらく、今後、経済力、行政の効率化などという観点から新たな市町村合併が推進されていくのであろう。だが、実際の人口三～六万人程度の地方小都市と深く付き合っていくと、そこは歴史的、文化的にも非常に個性豊かな一つのまとまりのある「地域」であることを痛感させられることが少なくない。いずれの小都市も、市民の暮らしや仕事を実感できる魅力的な拡がりなのである。つまり、そうした小都市では「地域」に対するアイデンティティが非常に明確であり、市民が強い誇りを抱いている「人の姿がみえる地域」ということになる。特に、日本の地方圏にはそうした魅力的な小都市が少なくない。今後、推進されるであろう市町村合併も、是非、そうした地域的個性を十分に尊重しながら進めていって欲しいと思う。

　なお、本書は地方小都市の中でも、独自の工業化によって歩んできた岡谷市を取り上げ、地方小都市のあり方の一つの側面に光を当てていくことにする。地方小都市の存立のスタイルはそれぞれであり、今後に選択していく方向も特色あふれるものとなろう。そうした意味で、工業化はそれらの選択の方向の一つにしかすぎないと思うが、多くの地方小都市にとっての十分考慮すべき有力なものであることは間違いない。ただし、「工業化」といっても、従来とは異なったところに新たな可能性が拡がっているのかもしれない。そうした点を考慮し、本書では、日本を代表する地方工業都市、中小企業都市である岡谷の歩みをたどることにより、地方小都市のあり方に一石を投じていくことにしたい。

一　地方小都市の直面する問題

日本の小都市

日本の各地には、基礎自治体として約三二三〇の「市町村」が展開している。そのうち市制をしいている基礎自治体はおよそ六七〇とされている。その中で最大の人口規模を誇るのは横浜市であり、三三二万人強（九八年三月三一日、住民基本台帳人口）を数えている。逆に最小は北海道歌志内市であり、六四六一人と一万人を割り込んでいる。したがって、「市」といっても実に幅が広く、おそらく抱えている問題も千差万別であることが想像される。

これらの中で、本書で特に注目する「地方小都市」というべき人口三万人～六万人といった市は約二二〇を数えているのである。さらに、人口三万人に達していない市は六九市を数えていることも注目される。他方、約二五〇〇の町村のうち、人口三万人を超えているところは九〇強であり、最大の人口規模を誇る町村は広島県府中町であり、五万六二四人を数えている。なお、町村で人口規模が拡大しつつある所の多くは大都市近郊であり、宅地のスプロール化が影響していることはいうまでもない。

「市制」をしくには、地方自治法に定める幾つかの要件を満たさなければならない。現在では人口五万人以上を数え、全戸数の六〇％以上が中心市街地にあり、商工業など都市的業務に従事する者と同一世帯の者が全人口の六〇％以上などが基本要件とされている。一九四七年に地方自治法が施行された当初は人口三万人が市制施行の基礎的要件とされたのだが、五四年に五万人以上と改定されているのである。

このようにみると、四七年の地方自治法施行以来五〇年、この間の各都市の盛衰は著しく、全国的にかなりの格差がついていることがわかる。特に、人口三万人以下の市は、市制施行当時は一定の人口を抱え、何らかの地域産業がそれを支えていたものとみられるが、その後の五〇年で大きな構造調整に直面したことを示している。それは、地域産業も低迷し、人口保持能力を失ってきたことを意味するであろう。北海道には特に三万人を割り込んだ市が顕著にみられるが、それらの大半はかつての石炭から石油へのエネルギー転換の影響を直接的に受けたものであることはいうまでもない。地域の基幹産業に対し、次の産業を育成できなかったことが現状の人口減少、地域活力の低下を招いているのである。

工業中心都市と商業中心都市

以上のような点からすると、日本全国には二〇〇〜四〇〇ほどの人口三〜六万レベルの地方小都市が展開し、歴史的、文化的にまとまりのある「地域」として拡がっていることがわかる。そして、いずれの地方小都市も、近年、経済基盤の確立に向けて苦慮していることでは共通するであろう。そうした点も考慮しながら、これらの地方小都市を産業的な側面から類別すると、ほぼ以下のようなものになろ

表序—1　全国の人口3万人～6万人未満の市

区　分	人　口（人）	65歳以上（%）	事業所数　等（件）	工業出荷　額（億円）	区　分	人　口（人）	65歳以上（%）	事業所数　等（件）	工業出荷　額（億円）
北海道					**山形県**				
網　走	42,470	13.9	91	387	新　庄	41,838	18.2	173	740
稚　内	44,364	13.4	150	681	寒河江	43,550	19.6	194	1,109
美　唄	32,072	21.0	86	282	上　山	37,612	21.8	160	615
根　室	34,414	14.2	131	793	村　山	30,541	23.2	140	527
滝　川	47,726	16.0	62	204	長　井	32,531	20.9	185	819
登　別	56,173	16.1	80	255	東　根	43,960	18.1	175	2,458
伊　達	35,173	18.6	42	168	南　陽	36,877	20.7	175	624
北広島	55,832	12.4	112	850	**福島県**				
石　狩	54,155	11.9	149	854	白　河	46,860	16.8	178	2,117
青森県					原　町	48,885	16.8	197	1,076
黒　石	40,212	17.3	97	386	喜多方	37,389	22.3	180	903
五所川原	50,471	16.1	99	1,068	相　馬	39,680	18.8	145	1,072
三　沢	42,943	12.5	48	527	二本松	35,942	16.9	149	1,199
む　つ	50,168	13.8	71	224	**茨城県**				
岩手県					古　河	59,118	13.8	148	485
宮　古	55,916	17.8	155	776	石　岡	53,030	14.0	155	2,482
大船渡	37,137	17.9	168	1,046	結　城	53,564	14.6	257	1,492
久　慈	38,294	16.1	90	249	下　妻	36,231	15.9	155	1,979
釜　石	48,462	21.4	137	914	水海道	41,738	17.1	194	3,531
江　刺	34,830	23.2	126	703	常陸太田	41,107	18.5	100	231
宮城県					高　萩	35,610	16.2	104	1,450
白　石	41,582	19.8	114	1,110	北茨城	53,378	17.2	248	1,724
角　田	35,013	19.6	89	1,179	笠　間	30,548	18.8	176	448
多賀城	59,628	9.5	84	1,442	岩　井	44,440	14.7	200	2,203
岩　沼	40,087	13.7	114	1,787	**栃木県**				
秋田県					大田原	54,752	14.4	153	4,496
能　代	55,256	20.2	263	614	矢　板	36,881	15.7	117	3,033
横　手	41,109	20.3	102	754	黒　磯	57,382	11.7	178	1,956
本　荘	44,944	17.4	130	540	**群馬県**				
男　鹿	31,965	21.6	55	284	沼　田	47,249	17.6	167	947
湯　沢	35,966	21.1	127	499	渋　川	48,381	15.9	144	1,186
大　曲	39,771	19.4	140	421	富　岡	49,765	17.8	342	2,192
鹿　角	41,004	22.3	120	307	安　中	48,512	17.2	176	1,985

区分	人口（人）	65歳以上（%）	事業所数等（件）	工業出荷額（億円）	区分	人口（人）	65歳以上（%）	事業所数等（件）	工業出荷額（億円）
埼玉県					豊栄	49,478	14.0	149	320
本庄	59,378	13.9	175	2,393	**富山県**				
羽生	57,009	14.6	276	2,395	新湊	38,235	19.1	216	3,413
鳩ヶ谷	54,521	11.1	275	1,551	魚津	48,002	18.0	210	1,640
上福岡	54.356	10.5	48	2,101	氷見	59,331	20.7	246	923
幸手	57.424	10.2	136	987	滑川	33,316	18.3	165	1,490
日高	54.796	10.7	168	1,293	黒部	36,706	18.1	152	1,873
吉川	55.067	8.2	271	842	砺波	40,117	18.8	194	1,221
千葉県					小矢部	35,403	19.9	191	1,435
館山	52.820	22.2	107	437	**石川県**				
佐原	50.117	18.3	102	265	七尾	48,573	19.0	191	1,047
東金	57.065	14.1	102	880	**福井県**				
八日市場	33.126	20.4	78	474	小浜	33,654	20.7	151	590
旭	40.147	16.1	138	584	大野	40,627	20.7	181	577
鴨川	31.365	23.5	61	234	**山梨県**				
富津	55.025	18.0	118	595	富士吉田	55,644	16.1	250	927
袖ヶ浦	58.629	11.2	95	6,197	都留	33,944	15.2	279	750
東京都					山梨	32,232	18.7	101	1,000
国立	68.277	11.9	46	179	大月	34,107	18.2	167	785
羽村	54.691	8.4	141	4,213	韮崎	31,916	17.6	154	2,062
神奈川県					**長野県**				
逗子	57.786	18.8	30	36	岡谷	57,021	17.5	514	2,354
三浦	54.020	15.1	71	265	諏訪	52,021	16.9	307	1,435
南足柄	44.077	12.6	75	3,969	須坂	54,437	17.5	267	2,234
新潟県					小諸	45,101	18.3	181	1,595
小千谷	42.763	20.5	210	1,989	駒ヶ根	33,539	18.9	175	1,385
加茂	34.238	19.0	233	930	中野	43,082	17.8	147	897
十日町	44.608	20.1	236	601	大町	31,137	20.5	97	628
見附	44.544	17.3	304	963	茅野	52,677	16.6	342	1,914
村上	31.969	20.1	113	594	更埴	39,560	18.4	160	1,147
燕	44.070	14.8	813	921	**岐阜県**				
糸魚川	32.990	22.6	101	505	中津川	55,708	17.6	266	2,523
五泉	39.459	18.1	178	696	瑞浪	41,110	17.1	267	881
白根	40.256	16.2	152	1,603	恵那	35,775	17.9	192	1,188

区　分	人　口（人）	65歳以上（%）	事業所数　等（件）	工業出荷　額（億円）	区　分	人　口（人）	65歳以上（%）	事業所数　等（件）	工業出荷　額（億円）
美濃加茂	45,798	14.9	207	3,482	西　　脇	38,590	17.0	249	941
静岡県					小　　野	48.998	15.3	271	1,867
熱　　海	44,747	22.2	67	75	加　　西	52,080	17.8	426	1,973
袋　　井	57,632	14.2	228	2,976	**奈良県**				
裾　　野	50,578	11.0	166	3,309	五　　條	36,752	17.5	132	733
湖　　西	42,352	12.6	248	10,814	御　　所	35,718	18.7	170	548
愛知県					**和歌山県**				
常　　滑	51,445	16.8	352	1,954	海　　南	47,801	21.0	299	1,742
尾　　西	57,585	12.0	381	1,800	橋　　本	55,256	14.1	98	1,194
新　　城	36,654	17.5	140	2,021	有　　田	35,026	17.6	117	4,417
知　　立	59,674	9.5	195	1,303	新　　宮	33,824	21.0	76	146
高　　浜	36,494	12.5	269	3,043	**鳥取県**				
岩　　倉	45,847	9.8	136	747	倉　　吉	50,506	20.3	163	915
三重県					境　　港	37,680	17.6	134	844
上　　野	59,545	20.0	307	3,879	**島根県**				
亀　　山	38,555	16.3	151	3,055	浜　　田	47,009	19.9	152	594
久　　居	39,833	16.1	106	873	益　　田	51,127	20.4	261	1,101
滋賀県					大　　田	34,948	25.3	104	364
長　　浜	57,131	15.6	216	3,297	安　　来	31,272	19.7	102	1,344
八 日 市	42,394	14.0	124	2,249	平　　田	30,046	20.8	112	303
京都府					**岡山県**				
綾　　部	39,991	24.9	157	1,038	井　　原	35,928	20.7	202	1,942
向　　日	53,191	10.9	65	585	総　　社	56,228	16.3	174	2,398
京 田 辺	52,566	11.0	111	958	備　　前	30,013	19.5	186	1,776
大阪府					**広島県**				
四 條 畷	54,299	9.7	127	447	竹　　原	33,550	21.3	96	937
大阪狭山	56,127	10.3	109	562	因　　島	30,311	23.7	133	763
阪　　南	58,131	11.4	113	261	府　　中	43,690	18.6	447	3,359
兵庫県					三　　次	39,408	21.5	103	833
洲　　本	42,606	19.8	136	1,853	大　　竹	32,402	17.5	92	2,200
相　　生	35,335	18.2	92	1,461	**山口県**				
豊　　岡	48,043	17.5	260	718	萩	47,190	21.0	149	243
龍　　野	41,131	16.1	358	2,278	下　　松	54,584	16.7	123	2,901
赤　　穂	52,476	16.5	140	2,181	小 野 田	45,774	17.3	77	3,377

区　分	人　口 (人)	65歳 以上 (%)	事業所 数　等 (件)	工業出 荷　額 (億円)	区　分	人　口 (人)	65歳 以上 (%)	事業所 数　等 (件)	工業出 荷　額 (億円)
光	47,777	16.7	81	3,390	鳥　栖	58,028	14.2	152	3,850
柳　井	34,775	23.5	85	624	武　雄	35,305	18.6	89	388
新南陽	33,077	15.3	86	3,971	鹿　島	34,371	18.9	102	355
徳島県					**長崎県**				
小松島	44,219	17.5	157	932	島　原	40,617	20.0	104	305
阿　南	58,417	19.2	206	1,836	**熊本県**				
香川県					人　吉	39,105	20.6	106	219
善通寺	35,831	19.8	83	323	荒　尾	57,680	22.0	92	324
観音寺	45,715	19.3	200	753	水　俣	32,102	22.9	66	922
愛媛県					玉　名	45,807	19.5	78	762
八幡浜	35,006	21.9	98	208	本　渡	40,681	19.6	80	134
西　条	58,225	18.6	151	3,546	山　鹿	33,679	20.8	59	360
大　州	39,136	20.1	101	735	宇　土	36,972	18.0	71	570
川之江	39,133	17.5	262	2,161	**大分県**				
伊予三島	38,518	16.9	191	3,515	佐　伯	51,410	18.1	130	990
伊　予	30,899	18.5	107	1,026	臼　杵	37,268	21.6	109	1,281
東　予	34,112	20.6	142	935	宇　佐	50,747	21.7	135	1,255
高知県					**宮崎県**				
南　国	48,710	19.5	179	921	日　南	47,831	20.6	121	557
土　佐	31,451	21.9	81	260	小　林	41,308	18.9	90	339
中　村	35,441	20.5	49	126	日　向	59,753	14.9	157	978
福岡県					西　都	36,759	20.8	60	138
田　川	55,628	20.9	122	954	**鹿児島県**				
柳　川	43,290	18.0	155	780	名　瀬	43,273	16.4	81	84
甘　木	43,464	19.0	121	2,333	出　水	40,048	19.9	91	971
八　女	39,911	18.1	170	423	指　宿	30,879	22.3	35	61
築　後	46,475	16.8	204	1,844	国　分	50,765	14.3	55	1,712
大　川	43,566	17.1	656	1,433	**沖縄県**				
中　間	49,910	17.4	43	339	平　良	34,720	14.8	56	91
小　郡	52,509	14.6	37	181	石　垣	43,203	13.5	65	146
古　賀	54,142	11.8	121	2,397	名　護	54,489	13.4	63	565
佐賀県					糸　満	55,050	11.6	91	249

注：人口　65歳以上構成比は、1998年3月現在（自治省行政局編『住民基本台帳人口要覧』）、工業関係は96年末（『工業統計表』、従業者4人以上統計）、事業所数は製造業。

表序—2　全国の人口３万人未満の市

区　分	人　口（人）	65歳以上（%）	事業所数等（件）	工業出荷額（億円）	区　分	人　口（人）	65歳以上（%）	事業所数等（件）	工業出荷額（億円）
北海道					**山梨県**				
夕　張	16,392	25.9	43	94	塩　山	27,079	20.0	89	410
留　萌	29,305	15.1	56	357	**長野県**				
芦　別	22,136	22.9	66	221	飯　山	27,869	23.3	71	803
赤　平	16,812	24.1	44	368	**岐阜県**				
紋　別	28,642	15.9	102	551	美　濃	25,850	20.3	253	963
士　別	24,239	20.3	65	197	**静岡県**				
名　寄	27,715	16.5	42	207	天　竜	23,760	21.5	120	754
三　笠	14,627	27.6	50	292	下　田	28,330	20.4	28	63
砂　川	21,464	19.1	48	283	**三重県**				
歌志内	6,461	26.2	6	7	尾　鷲	25,372	22.4	84	541
深　川	27,597	21.6	40	138	鳥　羽	26,399	18.2	80	197
富良野	26,069	17.7	42	129	熊　野	21,552	24.4	77	107
岩手県					**京都府**				
遠　野	28,416	22.4	73	175	宮　津	24,599	24.2	75	194
陸前高田	27,095	22.4	74	220	**和歌山県**				
二　戸	28,152	19.7	67	353	御　坊	28,266	18.8	98	320
山形県					**島根県**				
尾花沢	22,897	23.1	87	453	江　津	26,542	24.7	101	463
栃木県					**岡山県**				
日　光	18,477	21.6	46	801	高　梁	24,074	23.7	89	573
千葉県					新　見	25,107	24.5	113	407
勝　浦	23,883	21.9	58	98	**広島県**				
新潟県					庄　原	21,605	24.4	86	352
栃　尾	26,373	23.3	143	435	**山口県**				
新　井	28,438	20.8	73	1,567	長　門	24,739	22.0	108	219
両　津	18,351	27.8	59	51	美　祢	19,323	23.2	71	935
石川県					**愛媛県**				
輪　島	28,827	23.7	174	229	北　条	29,088	20.4	103	214
珠　州	22,234	27.8	90	202	**高知県**				
羽　咋	26,698	20.7	132	570	室　戸	21,683	22.7	46	88
福井県					安　芸	22,518	22.4	57	104
勝　山	29,287	21.6	182	695	須　崎	28,483	21.6	72	504

区　分	人　口（人）	65歳以上（%）	事業所数　等（件）	工業出荷　額（億円）	区　分	人　口（人）	65歳以上（%）	事業所数　等（件）	工業出荷　額（億円）
宿　　毛	25,440	20.4	98	230	竹　　田	18,488	27.9	43	270
土佐清水	19,952	25.5	62	81	豊後高田	18,948	24.9	51	193
福岡県					杵　　築	22,468	22.7	45	1,039
山　　田	12,486	23.2	28	59	**宮崎県**				
豊　　前	29,991	22.2	76	707	串　　間	25,224	24.7	71	98
佐賀県					えびの	26,169	25.2	43	101
多　　久	24,554	21.7	82	619	**鹿児島県**				
長崎県					枕　　崎	27,562	22.4	120	379
福　　栄	28,709	19.7	39	69	串木野	27,862	20.1	62	335
平　　戸	25,351	22.3	66	64	阿久根	27,512	25.0	87	332
松　　浦	23,223	19.8	44	245	大　　口	24,120	26.9	47	356
熊本県					加世田	24,434	24.3	57	295
生　　深	20,184	23.4	79	115	西之表	19,178	21.2	33	47
菊　　地	27,947	21.6	60	283	垂　　水	20,935	27.3	30	180
大分県					**沖縄県**				
津久見	25,073	20.7	38	551	石　　川	22,152	11.3	19	57

注：人口、65歳以上構成比は、1998年3月現在（自治省行政局編『住民基本台帳人口要覧』）、工業関係は96年末（『工業統計表』、従業者4人以上統計）、事業所数は製造業。

う。

工業中心都市――工業が地域経済の基幹となっている都市であり、特定（複数の場合もある）の大企業が頂点に立つ「企業城下町」、さらに、伝統的な地場産業が地域の支えている「地場産業都市」が、その典型であろう。このクラスの「企業城下町」としては、大田原（東芝）、須坂（富士通）、湖西（スズキ）、相生（石川島播磨）、広島県府中（マツダ）、鳥栖（ブリヂストン）などが知られる。また、「地場産業都市」としては、燕（金属製品）、海南（日用消費財）、常滑（窯業）、備前（窯業）、大川（家具）などがあろう。また、一般的な傾向だが、「企業城下町」に比べ、「地場産業都市」の方が地域商業も充実している場合が少なくない。これら二つが地方小都市における工業中心都市の典型だが、かつては大企業や特定産品の影響が強かったものの、近年の構造調整の中で、取り残された中小企業が新たな方向に向かおうと努力している地方工業都市も見えるようになってきた。例えば、本書で取り上げる長野県岡谷や、岩手県宮古、岩手県釜石、山形県長井などはその典型であろう。

商業中心都市――何らかの観光資源をベースに外部からの購買者を引きつけ、商業が地域の基幹産業になっている都市がある。例えば、十和田、館山、熱海、下田、萩、島原などの小都市はそうした性格が強い。ただし、近年、観光需要の中身が大きく変化しており、こうした小都市は困難に陥っている場合が少なくない。また、急に大型商業施設が設置され、周辺から集客して、一見、商業活動が活発化する小都市もあるが、必ずしも継続性が期待できるとも思えない。また、古い建築物などをベースに観光都市化した滋賀県の長浜のようなケース(1)が全国の一般的なケースになることは難しいと思う。人口三〜六万人ほどの地方小都市では、観光や商業が基幹となって長期にわたって繁栄することはかなり難しいといわざるをえない。

地方小都市の模索

以上のような点からすると、地域内で付加価値を生み出し、就業の場を拡げ、そして、一部に外部からの需要を引きつけていくというスタイルの産業化が求められることになる。従来の「企業城下町」や「地場産業都市」は、こうした性格を帯びていた。だが、特定大企業や特定産品に依存する形は、八〇年代以降、難しいものになっている(2)。そして、次の姿は必ずしも鮮明ではないのだが、この二〇年間の模索の中で明らかになったことは、特定大企業に依存しない自立的な中小企業による地域産業集積を目指すこと、あるいは、特定製品分野に依存しない多様性に満ちた中小企業による地域産業化を図ることであろう。全国の各地には、そうした方向に向かい、新たな可能性を獲得しつつある地方小都市が登場しつつある。(3) そして、私たちはそうした小都市の実践を受け止めなら、自立的な産業化の方向を探っていかなくてはならない。従来型の「企業城下町」や「地場産業都市」ではなく、地域の中小企業のそれぞれが個性化し、その個性的な中小企業の集積による新たな可能性を模索することが何よりであろう。

まさに、本書で検討する岡谷はかつての時計、カメラの時代から飛躍し、新たな個性的な中小企業による地域工業集積を形成しつつある。その歩みを振り返り、現在直面している課題をみていくことは、全国の地方小都市にとっての一つの大きな指針となることは間違いない。本書のメッセージが、全国の地方小都市で地域振興、地域の活性化に苦慮されている方々に届くことを期待したい。

二　本書の構成

以上のように、本書は全国に広く分布している地方小都市の将来を意識しながら、その先鋭的なケースとして長野県岡谷に注目していく。諏訪湖のほとりに展開する岡谷は、戦前期に製糸業により第一回目の発展のチャンスを獲得し、戦後は時計、カメラという精密機械工業により第二回目の発展を経験、そして、現在は第三回目の発展のステージに立とうとしている。この間、発展の反動として大きな落ち込みも経験し、むしろそのことが、反発のエネルギーの蓄積になっているようにも思える。現在の岡谷を担っている人びとは、世代的にも戦後の立ち上がりをリードした人びと、高度成長期における精密機械の成功体験を体いっぱいに受け止めた世代、そして、精密機械の停滞の頃から経営に参画し、必死に次の可能性を求めようとする若い世代までの幅の広いものとなってきた。この幾つかの世代がうまく重なり、新たな可能性が見え始めているのではないかと思う。本書は以上のような地域全体のふつふつとしたエネルギーを受け止めながら、地域産業の新時代を意識し、以下のような構成で展開していくことになる。

第一章の「工業集積の特質」は、本書全体の基本的な枠組みを構成するものであり、時計、カメラで発展した岡谷工業の構造的な特質を明らかにすることを目的にする。岡谷は諏訪と共に「日本の精密機械工業の中心地」「東洋のスイス」などと言われてきたのだが、内実は「小物、細密、消費財の量産」が生産構造の基本であった。そのため、機械工業の技術集積上、「小物、細密、量産」の部門ではたいへんな力量を身につけたのだが、それ以外の加工機能、技術部門を欠落させている。大物加工、特殊加工の部門は乏しく、幅の広い展開を進めるには、多くの課題が残っている。こうした点を、統計等を利用しながら明らかにし、技術集積をより豊かなものにしていくための課題を提示していくことにする。

第二章の「岡谷工業の地理的展開」は、諏訪湖を囲む諏訪盆地一帯に発展した精密機械工業の地域的な分布の特徴に注目し、その発生、拡大、発展のメカニズムに光を当てていくことにする。特に、諏訪盆地は利用可能な土地が限られており、住宅と工場が混在し、域内で新たな発展方向を見出していくことが難しい。このため、拡大しようとする企業は周辺地域に外延化する傾向が著しく、技術集積、産業集積の意味がやや変わりつつある。本章では、そうした点を地理学的な視点で整理し、岡谷工業の空間的な発展課題を明示していくことにしたい。岡谷工業の域内での技術集積、産業集積の高度化を進めていこうとするならば、空間的な制約の中で、新たな工業団地をどのように生み出していくのか、さらに、既成市街地の再開発、工場の再配置をどのように考えていくのかが問われているのである。

第三章の「岡谷の位置的ポテンシャル」は、岡谷の立地特性をとりあげていく。岡谷は日本列島の中心部の内陸に位置し、高速交通体系上はやや不利な位置にある。それでも、中央高速道路が東京、名古屋に通じ、また、JR中央線の高速化も進み、東京圏と中京圏を視野に入れた奥座敷的な位置にあるといってよい。この適度な距離感が岡谷にプラスにもマイナスにも働いてきた。むしろ、やや遠いということが、世界に目を向けさせ、また、自立的な展開を促すものでもあった。そして、近年、東京圏に近くなってきたということが、岡谷にどのような影響を与えるかが問われている。後の章の中で、岡谷で取り組まれているインターネットを利用した「バーチャル工業団地」にもふれるが、岡谷は遠いということがエネルギーになって新たな動きが生じているようにも思う。通信、物流が革命的に変わってきた現在、岡谷の位置的ポテンシャルが改めて問われているのである。

第四章の「就業構造と人的資本の特質」は、日本の地方圏では珍しく精密機械工業に展開した岡谷の人的側面に注目していくことにする。長野県は教育県として著名であり、自立心の旺盛な個性的な人材を輩出している。こうした地域に戦時疎開の中央の経営者、技術者が加わり、技術を究めていこうとするエネルギーが高まり、今日の独特の産業集積、技術集積を形成したものとみられる。さらに、昨今は高度成長期に成功体験をした人びとの次の世代が登場しており、岡谷に新たな風を吹き込みつつある。

本書の中の各章で扱われる、海外進出を視野に入れた異業種交流グループのＮＩＯＭ、インターネット上でバーチャル工業団地を展開しようとする若手集団等、岡谷の将来に重大な影響を及ぼしそうな人材が大量に登場しつつある。本章では、そうした新たなうねりに注目し、人的な側面から岡谷の現状と将来を語っていきたい。

第五章の「新たな方向に向かう中小企業」は、ポスト精密機械工業の時代に直面し、新分野、新技術、新市場等の新たな領域に踏み出そうとしている岡谷の中小企業に注目し、主として、個別企業の事例研究を通じて、その全体の方向を展望していくことにする。近年の岡谷の最大の特質は、時計、カメラの時代を吹っ切れた若い世代の経営者、二世が登場していることであろう。彼らは、地域全体が時計、カメラに終始していたスタイルから脱し、それぞれが固有の経営資源を見直し、それをさらに高めながら非常に興味深い方向に踏み出している。加工機能を究めようとする中小企業、新たな製品分野に向かおうとする中小企業、多様なネットワークの中で新たな可能性を見つけ出そうとする中小企業など、それぞれが個性的な展開に踏み出している。ここでは、そうした中小企業に注目しながら、岡谷機械工業の明日を展望していくことにしたい。

第六章の「アジア展開に踏み出す中小企業」は、岡谷の近年の一つの特徴になっている中小企業の海外展開に注目していく。特に国際商品であった時計、カメラに終始してきた岡谷は、中小企業でも世界的な視野を備える場合が少なくなかった。さらに、日本産業の中でも、時計、カメラ部門の海外進出、特にアジア進出は早かった。こうした事情を背景に、中小企業の中から独自的にアジア進出を果敢に繰り広げる企業が大量に登場していることも興味深い。本章では、そうした岡谷の中小企業のアジア進出の事例研究を重ねながら、日本の地域の中小企業がアジアに進出する意味を確認し、さらに、そうしたアジア進出が岡谷地域の機械工業に与える意味を探っていくことにする。現状、アジアに進出している岡谷の中小企業は、明らかに地域にアジアの「熱気」を持ち帰っているのである。

第七章の「中小企業ネットワーク」は、岡谷地域に形成されている多様かつ幅の広いネットワークに注目していく。岡谷には従来から同業種集団のネットワークは形成されていたのだが、九〇年の頃から第二世代、第三世代といわれる若手の間から、従来とはかなり趣を異にした興味深い異業種交流集団が作り上げられてきた。全国的にみてもトップレベルの加工技術を備える中小企業による集団、さらに情報技術を駆使しようとする集団など、新たな取り組みが進められている。さらに、岡谷市役所は地域工業振興の黒子に撤しながらも、中小企業全体を視野に入れた独自なネットワーク化を図りつつある。そして、これらのネットワークが重層的に機能し、新たな可能性を信じられる環境が形成されつつある。いわば、昨今の地域工業集積の現場で議論されているネットワーク化に新たな可能性を提示しているのである。

終章の「地方工業都市の未来」は、ここまでの各章の議論を受け、全国の地方小都市の将来を意識しながら、課題の整理を行っていく。全国的にみて、新たな動きのみえる地方小都市では、自治体がリードしようとしている場合が多いのだが、岡谷の場合は、地域中小企業の中から先行的に新たなうねりが起こっている点が注目される。こうしたケースは全国的にみて少なく、その意義は非常に大きい。今後は地域の自治体と一体になって、可能性の幅を拡げていって欲しい。地域中小企業と自治体がそれぞれの持ち味を出し合い、一歩踏み込むならば、岡谷は新たな世界を切り開いていくことは間違いない。地元では、地域工業振興の「岡谷モデル」の形成が意識されつつあるが、それは、岡谷の将来を担う地域中小企業と自治体の協同作業によって具体化していくことはいうまでもなさそうである。

以上のように、本書は時計、カメラといった精密機械によって一世を風靡した精密機械工業地域の長野県岡谷に注目し、その歴史的、地理的条件などを意識しながら、その過去、現在、将来を見ていこうとするものである。そして、本文でも広く論じられるように、岡谷にはポスト精密機械の苦難の二〇年を経過し、新たなうねりが生じつつある。それは全国の地方小都市にとっての大きな「希望の光」となることは間違いない。事実、日本の各地に広く展開する地方小都市は、次の時代に向けての地域産業振興、地域の活性化に苦慮している。岡谷の現状はそうした問題について最も先行的に取り組みつつあるのであり、その足跡と展望は、日本の地方小都市全体に大きな勇気を与えることが期待されているのである。

（1）長浜のケースは、矢作弘『都市はよみがえるか』岩波書店、一九九七年、が有益である。
（2）企業城下町の困難については、関満博・柏木孝之編『地域産業の振興戦略』新評論、一九九〇年、関満博『地域中小企業の構造調整』新評論、一九九一年、関満博・岡本博公編『挑戦する企業城下町』新評論、二〇〇一年、また、地場産業都市の困難については、関満博『地域経済と地場産業』新評論、一九八四年、同『伝統的地場産業の研究』中央大学出版部、一九八五年、関満博・福田順子編『変貌する地場産業』新評論、一九九八年、などを参照されたい。
（3）中小企業による自立的な発展方向に向かっている地方小都市としては、長野県坂城（関満博・一言憲之編『地方産業振興と企業家精神』新評論、一九九六年）、岩手県花巻（関満博・山田伸顯編『地域振興と産業文援施設』新評論、一九九七年)、新潟県燕(関・福田編、前掲書)が注目される。

第一章　工業集積の特質

一　「細密な小物の量産」産地としての展開

精密機械工業の集積地として知られる「諏訪・岡谷地域」は、特に戦後は時計、カメラ、オルゴール等の生産地として歩んできた。最近はどのような扱いを受けているか知らないが、かつての小中学校の社会科のテキストでは「東洋のスイス」などとも言われていたように記憶する。

私自身、地域工業構造の分析、地域の産業振興を主たる仕事として、「京浜工業地帯」を中心に、この三〇年ほど、全国の各工業地域を歩いてきた。実は、諏訪・岡谷地域にキチンとした形で最初に調査に入ったのは一六年前の八五年のことであり、そして、世間でイメージされている「諏訪・岡谷地域」と現場の実態との間の落差に驚いたものであった。当時、十数社の現場を歩いたが、「京浜地区」あたりとは相当事情が異なることを痛感したものであった(1)。

設備が同じ

最大の違和感は「どの工場に入っても設備が同じであり、設備台数の違いだけが目についた」ということであった。例えば、京浜工業地帯の中心である東京の大田区の工場街を歩いていると、仮に機械加工工場が並んでいても、ある工場は大物を得意とし、ある工場は特殊材料を扱うことを得意とするなど、ほとんど全ての中小企業はそれぞれの得意分野というべきものをはっきりと身に着けていた(2)。

これに対し、諏訪・岡谷地域では、大半が「自動旋盤」をキレイに並べていた。そして、行っている仕事は、時計、カメラ、オルゴール等の「小物の切削部品」であった。そして、こうした分野については、おそらく諏訪・岡谷地域が世界で最も上手に、そして効率的に生産していると実感させられた。

それは、当時までの、この地域の最有力企業とは、時計の諏訪精工舎(現、セイコーエプソン)、カメラのヤシカ(現、京セラ)、オリンパス、チノン(現、コダック)、さらにオルゴールの三協精機などであったことによる。時計、カメラ等の小型化、軽量化等の要請の中で、諏訪・岡谷地域の中小加工業者は、超小型、精密(細密)、量産加工を焦点に突き進んできた。それは、地域ぐるみの取り組みであったといってよい。そして、諏訪・岡谷地域は「細密な小物の金属部品の集合体」であった時計、カメラの生産について、世界的にも稀な技術集積、工業集積を形成することに成功したということなのであろう。

幻想としての「東洋のスイス」

一五年ほど前の諏訪・岡谷地域では、お目にかかった経営者、関係者の方々は、「諏訪・岡谷は東洋のスイスであり、日本の精密機械工業の代表的な地域」であると言っていたように記憶する。

この点、六〇年の頃までの総務庁(当時、行政管理庁)の「日本産業分類」には、周知の機械工業の四つの分類（一般機械、電気機械、輸送用機械、精密機械）の中に「精密機械」という項目は無く、当時は「時計、カメラ、測定器」等という製品で明示されていた。それが、六〇年代のいつの頃からか「精密機械」という名称に置き換えられた。いわば「時計、カメラ」は「精密機械」としての「お墨付き」を貰ったということなのであろう。それは、多分、当時のイメージでは、主として細密な小物の金属部品で構成されている「時計、カメラ」は「精密」なものとの暗黙の了解があったからのように思う。そして、あの遠く離れた憧れの「スイス」が同様の製品を得意としていることから、「東洋のスイス」「精密機械工業」というイメージが期待されていたのであろう。

だが、七〇年代中頃からの技術革新の方向がマイクロ・エレクトロニクスを軸とするものに変わり、小物の金属部品で構成されていた時計、カメラ等は、一挙に電子部品への代替、部品点数の激減に直面していく。地域全体が自動旋盤で「小物の金属部品」を大量に生産するという時代は幕を閉じていくのであった。

さらに、時計、カメラの生産地は次第に台湾、香港、そして中国へと移行していく。それは、「精密なものは日本で、諏訪・岡谷で」という幻想を打ち砕くプロセスであり、「東洋のスイス」「精密機械の諏訪・岡谷地域」の実態が、実は単なる「細密な小物量産品の産地」であったことを浮き彫りにしたのである。そのことは、諏訪・岡谷の人びとに、一つの時代が終焉したことを納得させるものであったといってよい。そして、こうした事態に直面した諏訪・岡谷の機械工業集積は、その後、新たな局面を切り開いていくための苦難の道を歩んでいくことになる。

二　岡谷の工業集積の輪郭

長野県の中心部に位置する諏訪湖の周辺は「諏訪のたいら」といわれ、岡谷市、諏訪市、下諏訪町、茅野市、原村、富士見町が一つの経済圏を形成している。このエリアの機械工業は岡谷を中心に発達し、その後、諏訪、下諏訪に拡大、さらに、近年では諏訪湖周辺の土地利用の制約から茅野、原村などへと外延化している。したがって、「諏訪・岡谷の工業集積」は、現状ではこれら三市二町一村全体でとらえるべきかもしれない。この点、『諏訪地方の商工業』（諏訪地方事務所、一九九七年度）によれば、この地域全体の工場数は二六九五（九五年）、従業者数は三万八六六六人、製造品出荷額等は八三七四億円とされており、このうち岡谷は、それぞれ三七・六％、三二・九％、三三・二％を占め、全体の中軸的な機能を担っている。

特に、この地域の二大都市である諏訪と岡谷を比べると、諏訪は温泉観光都市としての色合いが濃厚であるのに対し、岡谷は生真面目な「工業都市」としての性格を色濃く映し出している。昨今、市町村合併の動きもみられるようだが、岡谷は諏訪地方全体を背景としながらも、やはり独自的な「工業都市」として注目されるべきなのであろう。特に、昨今、基礎自治体である岡谷市として「工業振興にどのように取り組むべきか」という意識が濃厚になっていることも考慮すると、岡谷の工業集積そのものに注目し、一通りの分析を進めていく必要もある。本書では、そうした意味で、岡谷の工業集積に限定し、その構造的な特質と今後の課題というべきものをみていくことにする。諏訪地方全体を視野に入れた分析は今後の課題としておきたい。

(1) 諏訪・岡谷地域の工業化略史

戦前の製糸業から戦後の時計、カメラの精密機械工業へと展開した諏訪・岡谷地域は、現在、第三回目の飛躍の時を迎えている。ここでは、諏訪・岡谷地域の工業化を簡単に振り返り、以下に続く各章の伏線としておきたい。(3)

製糸業の発展

諏訪湖を中心として「諏訪のたいら」と呼ばれる諏訪・岡谷地域は、諏訪市、岡谷市、茅野市、下諏訪町、富士見町、原村の三市二町一村を指すが、工業化という意味での中心都市は諏訪市と岡谷市、下諏訪町である。この二市一町は諏訪湖を中心に空間的には連担しているものの、歴史的な歩みはかなり異なる。諏訪市は江戸期には高島藩の置かれた城下町であり、下諏訪町も中山道と甲州街道の合流点の宿場町として独特の発展を遂げてきた。これに対し、山間部が迫り、耕地の少ない岡谷は貧しい農村であった。こうした位置的条件が、その後の産業化に向かう反発のエネルギーとして強く作用したものと考えられる。

岡谷が製糸業で世界的な成功を収めたことに関しては、清浄な気候、豊富な低賃金労働力、原材料基盤、先行産業としての農家副業の綿引業、座繰製糸業、さらに進取の気性等が指摘されることが多い。もちろん、それらが基本的な要素として働いたであろうが、長野県坂城や岩手県北上などと同様に、貧しさへの反発のエネルギーが重要な要素として作用したことはいうまでもない。その後の製糸業への展開に関しては、一八七二（明治五）年、上諏訪に近代製糸工場が設置されたのが始まりとされ、さらに、一八七五（明治八）年、岡谷で中山社が操業開始したことが発展の契機になっていった。

特に、どの産業集積地においても発展の節目には地域に強烈なリーダーが登場してくるが、初期の重要なリーダーとしては、諏訪式製糸機と呼ばれる機械を開発した武居代次郎らが注目されるべきであろう。この製糸機械は富岡製糸場などで使用されたフランス製機械に比べて、革命的に簡易で安価なものであったとされている。そして、先に指摘した「反発のエネルギー」と、このような「創意と工夫」が効果的に重なり合い、岡谷は製糸業で一世を風靡したのであった。この間の事情は山本茂実氏の名著『あゝ野麦峠』に活写されている。

精密機械工業都市への転換とその後

一九二〇年代までの岡谷製糸工業の発展も、昭和恐慌の頃を境に危機的状況となり、一九三〇年頃から大きな転換期を迎える。この頃は地方の「農村工業化」が論壇の主要なテーマとして取り上げられていた。特に、長野県は一九三七年に地方工業化委員会を設置し、企業誘致活動を積極化させ、他方、戦局の深まりの中で、大都市圏からの疎開工場を幅広く受け入れていくのであった。現在の長野県の主要工業集積地はこの時期の疎開工場が母体になり、新たな工業化の流れを形成していった場合が少なくない。特に、岡谷においては、旧製糸工場跡を利用して多くの疎開工場が集結したのである。三九年に沖電線、四〇年に帝国ピストンリング、四二年には東京発動機、近藤製作所、四三年には東京芝浦電気、高千穂光学（現、オリンパス光学工業）、品川機械、北辰電機（現、横河電機）などが立地している。また、諏訪には第二精工舎（諏訪精工舎を経て、現、セイコーエプソン）が疎開してきたのであった。

そして、戦後は大半の企業は引き揚げるが、セイコーエプソン、オリンパス光学工業、帝国ピストンリングは残り、その後の地域工業展開に重要な役割を演じていく。また、品川機械、帝国ピストンリング、北辰電機などは戦時中、航空機関連として活躍しており、さらに、陸軍の航空機設計部隊が岡谷工業高校に置かれたことなどが、その後の岡谷の機械工業に重大な影響を残していくことになる。地域の多くの人びとがこうした航空機産業などの現場を経験していったのであった。

さらに、諏訪の北沢バルブ（現、キッツ）からは、戦後、ヤシカ（現、京セラ）、チノン（現、コダック）、三協精機などの新興の企業が分派独立し、戦後の高度成長期のカメラ、オルゴールなどの「精密機械」の担い手として活躍していくのであった。特に、高度成長期の諏訪・岡谷はカメラ、時計を中心とする部門で、低価格量産のスタイルを確立し、世界的な成功を収めていく。「精密機械工業の諏訪・岡谷」「東洋のスイス」が深く実感された時代でもあった。そして、セイコーエプソン、オリンパス、ヤシカ、チノン、三協精機などの発展に歩調を合わせ、諏訪・岡谷の地域では簡易なプレスや自動旋盤を納屋に入れた新規創業が相次ぎ、地域全体として低価格量産の巨大な生産力を形成していったのであった。地域の中小企業の現場には、自動旋盤が折り重なっていたものであった。

だが、その後、先に指摘したように、時計、カメラは機械式からエレクトロニクスに変わり、さらに、継続する円高を背景に大手セットメーカーの海外進出が重なり、諏訪・岡谷は深刻な時期を迎えていく。特に、七〇年代のニクソンショック、オイルショックで躓き、さらに八五年のプラザ合意以降の急速な円高により、決定的なダメージを受けることになる。「低価格量産」の時代は終わり、そして「精密機械の諏訪・岡谷」の「精密」とは「細密」に過ぎないなどが自覚されていったのである。むしろ、比較的早い時期から新たな時代の到来を意識できたことが、その後の取り組みにもつながっていく。二〇世紀末から二一世紀初頭にかけての時期は、諏訪・岡谷地域工業の第三ステージの到来と見定め、新たな可能性をつかみ取っていくべき時代となっているのである。

(2) 小規模企業の集積と展開

序章の表序—1に示したように、人口三万人〜六万人未満の市の中でも、岡谷の工業出荷額はさほど目立つものではない。特定大企業が立地している地方小都市では出荷額が突出することになる。だが、事業所数(従業者四人以上)をみると、約二二〇の人口三万人〜六万人未満の市の中でも燕(八一三事業所)、大川(六五六事業所)に次いで、岡谷は第三位(五一四事業所)を占めている。燕(日用の金属製品)と大川(家具)は伝統的な地場産業をベースにしているのに対し、岡谷はかつての時計、カメラから近代的な機械工業製品全般に展開しているところに際立った特色がある。人口三万人〜六万人未満の市の中でも、岡谷は非常に個性的な工業都市ということができそうである。

岡谷工業の推移

岡谷工業の推移を示す表1—1をみると、以下のような点が指摘される。

まず、高度経済成長に歩調を合わせるように、岡谷の工業全般は、一九六〇年代初頭から、事業所数、

表１—１　岡谷市工業の推移

年	事業所数（件）	従業者数（人）	製造品出荷額等（万円）	伸び率（1973年＝100.0）		
				事業所数	従業者数	製造品出荷額等
1961	612	14,440	1,789,159	59.0	77.5	16.6
1962	629	14,952	2,166,767	60.6	80.2	20.1
1963	779	16,120	2,515,324	75.0	86.5	23.3
1964	775	17,179	2,893,894	74.7	92.2	26.9
1965	767	16,780	3,334,451	73.9	90.0	31.0
1966	899	17,464	3,837,872	86.6	93.7	35.6
1967	850	17,436	4,599,460	81.9	93.6	42.7
1968	849	17,834	5,460,414	81.8	95.7	50.7
1969	926	18,640	6,566,211	89.2	100.0	61.0
1970	902	18,333	7,701,280	86.9	98.4	71.5
1971	900	18,232	8,117,579	86.7	97.8	75.4
1972	1,087	19,785	9,234,986	104.7	106.2	85.7
1973	1,038	18,635	10,772,884	100.0	100.0	100.0
1974	1,014	17,445	12,385,560	97.7	93.6	115.0
1975	1,048	16,496	11,797,466	101.0	88.5	109.5
1976	1,041	16,523	14,641,361	100.3	88.7	135.9
1977	1,015	16,101	16,254,961	97.8	86.4	150.9
1978	1,096	16,305	16,723,122	105.6	87.5	155.2
1979	1,078	16,093	18,259,249	103.9	86.4	169.5
1980	1,067	16,176	20,060,703	102.8	86.8	186.2
1981	1,144	16,326	21,288,372	110.2	87.6	197.6
1982	1,137	15,208	18,861,757	109.5	81.6	175.1
1983	1,111	15,293	20,106,988	107.0	82.1	196.6
1984	1,096	15,786	21,792,911	105.6	84.7	202.3
1985	1,094	15,924	24,159,660	105.4	85.5	224.3
1986	1,086	15,549	21,905,521	104.6	83.4	203.3
1987	1,061	14,770	21,888,999	102.2	79.3	203.2
1988	1,130	14,992	26,085,731	108.9	80.5	242.1
1989	1,143	15,050	27,125,533	110.1	80.8	251.8
1990	1,127	14,911	29,064,782	108.6	80.0	269.8
1991	1,155	15,084	29,040,742	111.3	80.9	269.6
1992	1,115	14,825	28,720,034	107.4	79.6	266.6
1993	1,075	14,090	25,786,446	103.6	75.6	239.4
1994	1,060	13,626	26,625,218	102.1	73.1	247.2
1995	1,014	12,732	27,774,668	97.7	68.3	257.8
1996	1,025	12,807	24,265,953	98.7	68.7	225.3
1997	993	12,611	26,065,397	95.7	67.7	242.0
1998	947	12,310	23,853,783	91.2	66.1	221.4

資料：『岡谷の工業』（工業統計調査）各年版

従業者数、製造品出荷額等が順調に伸びていく。その後、七〇年代前半のニクソンショック（七一年）、第一次オイルショック（七三年）に直面し、時計、カメラの海外移管が開始され、若干の低迷を余儀なくされるが、八〇年代に入るとやや持ち直し、プラザ合意の八五年には一つのピークを示すことになる。八五年には、事業所数一〇九四、従業者数一万五九二四人、製造品出荷額等二四一六億円を数えていたのである。なお、諏訪・岡谷の工業に関しては、以上の国際経済調整に加え、七〇年代中頃からの技術革新の方向がメカニクスからエレクトロニクスへと転換したことも重要である。メカニクスの集合体であった時計、カメラが大幅な部品点数の削減、メカニクス部品からエレクトロニクス部品への転換に踏み出したことにより、地域の小物金属加工に従事していた中小企業は大幅な仕事の削減を余儀なくされたのであった。

さらに、八五年のプラザ合意以降、大手企業の海外移管が活発化し、二年間ほどで従業者数は一一五四人（約七％の減）の減少、また、出荷額も二二七億円（約九・四％減）の減少に直面する。だが、その後、バブル経済により、八八年から四年間ほどは大きな回復をみせ、九一年には、事業所数一一五五、従業者数一万五〇八四人、出荷額約二九〇〇億円に達したのであった。

その後、九二年以降は日本企業のアジア展開が最も活発化した時期であり(4)、諏訪・岡谷地域の大企業は生産の海外移管を深め、また、有力な中小企業も果敢にアジアに進出していく。さらに追い打ちをかけるかのように、日本経済は九一年にはバブル経済が崩壊し、その後、長期にわたる低迷状態を続けているが、岡谷の工業もそれに歩調を合わせるかのように、全体的な縮小を余儀なくされているのである。その結果、九七年には、事業所数は一〇〇〇を割り込み、九八年は九四七事業所、従業者数も一万二三一〇人とオイルショック直前の七二年以降の最低水準に落ち込んでいるのである。

以上のように、岡谷の工業のこの数十年の変化は、日本経済全体の縮図というべきであることがわかる。特に、国際経済調整の影響を濃厚に受けてきたのであった。おそらく、日本産業は高度成長以降、ニクソンショックとオイルショックが重なった七〇年代前半、プラザ合意の八〇年代中盤、そして、九〇年代前半のアジア経済の高まりと国内バブル経済の崩壊、そして、九七年以降のアジア経済危機という幾つかの出来事により、大きく影響されてきた。特に九〇年代は、バブル崩壊からの回復ができないうちにアジア経済危機が重なり、次の世紀に向けての大きな構造調整を余儀なくされた時代といえそうである。それは世紀末から二一世紀にかけての現在が、ニクソンショック以来の三〇年にもわたる調整過程の総仕上げの時期であることを示しているのであろう。

全体的な縮小と小規模層の減少

この点、岡谷の九〇年代を示す表1—2をみると、九一年と九八年の間で、事業所数は二〇八の減少(一八・〇%減)を示し、また、従業者規模別でみても、全階層で減少していることがわかる。特に、従業者九人以下の層では一六九事業所の減少(一八・六%減)となっていることが懸念される。独立創業が活発であり、小規模零細な企業が厚い底辺を構成していたとされる岡谷の工業は、全体的にやや痩せてきているようにも思える。事実、岡谷工業の従業者規模別構成の中で、九人以下の規模層は、九一年には七九・七%と八割近いものであったのだが、九八年には七八・四%へと減少しているのである。

こうした工場数の減少傾向は全国的なものとして懸念されてはいるが、岡谷においても、中堅どころの企業から次々と独立創業者が登場するという環境ではなくなっていることを示すであろう。閉塞された岡谷の地で、次々と独立創業が続き、お互いに切磋琢磨しながら、集積全体の厚みと技術的な深みを形成してきた岡谷は、小規模零細層の減少、集積全体が痩せ始めるという現象の中で、次の時代を構想していかざるをえないものになっている。

表1―2　岡谷工業の従業者規模別状況

従業者規模＼年	1991		1998	
	事業所数	構成比(%)	事業所数	構成比(%)
総数	1,155	100.0	947	100.0
3人以下	554	48.0	469	49.5
4～　9人	357	30.9	273	28.9
10～ 29人	164	14.2	132	13.9
30～ 99人	58	5.0	57	6.0
100～299人	17	1.5	12	1.3
300人以上	5	0.4	4	0.4

資料：『岡谷の工業』（工業統計調査）各年版

全般的にみて、機械工業は幅の広い加工機能を必要とし、中小企業による厚みのある社会的分業関係を形成しない限り、十分な発展を示すことはできない。そのため、地方小都市で機械工業化が進むケースは非常に少ない。事実、全国の地方小都市をみても、岡谷に匹敵するケースを見つけ出すことはできない。人口三万人～六万人未満都市で探すと、せいぜい、秋田県本荘市(5)しか見つからない。また、三万人未満都市では長野県坂城町(6)ぐらいであろう。そして、この本荘、坂城にしても岡谷ほどの厚みはないのである。さらに、一〇万人前後のところを探しても、ようやく岩手県北上市(7)、新潟県長岡市が登場してくるに過ぎない。まさに、岡谷の存在は貴重なものである。このことを地元の人びとは深く噛みしめていかなくてはならない。

したがって、この小零細規模層の縮小に対しては、地域として次々と独立創業が進むための環境整備を行っていく必要がある。

表１—３　岡谷工業の業種別構成（1998年）

区　分	事業所数		従業者数		製造品出荷額等	
	件	(%)	人	(%)	千万円	(%)
総　数	947	100.0	12,310	100.0	23,854	100.0
食　料	38	4.0	246	2.0	365	1.4
飲　料	2	0.2	x	x	x	x
繊　維	14	1.5	90	0.7	84	0.5
衣　服	29	3.1	177	1.4	159	0.6
木　材	10	1.1	44	0.4	86	0.4
家　具	25	2.6	114	0.9	108	0.5
紙	3	0.3	x	x	x	x
印　刷	37	3.9	392	3.2	449	1.8
化　学	2	0.2	x	x	x	x
プラスチック	25	2.6	279	2.3	497	1.9
ゴム製品	5	0.5	57	0.5	75	0.3
窯業・土石	8	0.8	55	0.4	106	0.4
鉄　鋼	8	0.8	x	x	x	x
非鉄金属	15	1.6	315	2.6	978	4.6
金属製品	124	13.1	1,227	10.0	1,793	7.0
一般機械	259	27.1	3,707	30.1	6,646	28.3
電気機械	133	14.0	2,590	21.0	6,446	28.2
輸送用機械	25	2.6	510	4.1	972	3.9
精密機械	150	15.8	2,032	16.5	3,375	13.1
その他	35	3.7	134	1.1	139	0.5
機械金属７業種	714	75.4	10,381	84.3	20,349	85.3

注：機械金属７業種とは、鉄鋼、非鉄金属、金属製品、一般機械、電気機械、輸送用機械、精密機械。

資料：『岡谷の工業』（工業統計調査報告）1999年版

近年、全国的に独立創業が停滞していることに対し危機感が深まっているが、特に機械工業集積地である岡谷は、そうしたことに深い関心を寄せていく必要があるように思う。機械工業は独立創業が活発であり、切磋琢磨の中で全体の技術レベルが上がり、さらに、個々の企業の専門技術への取り組みが幅の広い社会的分業の形成を促し、全体の機能を充実させていくのである。地方小都市においてほとんど唯一の注目すべき機械工業集積を形成させた岡谷こそ、技術集積への認識を高め、独立創業への環境を意欲的に形成していく必要がある。

(3) 機械金属工業への傾斜

岡谷工業の最大の特色は、地方小都市でありながら、東京、大阪、名古屋等の大都市にしかみられない機械工業集積をかなりのレベルで形成しているところにある。この点、まず、九八年の岡谷工業の業種別構成(表1―3)をみることから始めよう。

機械金属系四業種が基幹

産業分類中分類でみると、二〇の業種が全て埋まっているが、食料から窯業土石までの一二業種にはみるべきものがない。特に、事業所数が三桁を示している業種は一般機械(二五九事業所)、精密機械(一五〇事業所)、電気機械(一三三事業所)、金属製品(一一四)の四業種である。これら四業種が岡谷工業の基幹的な部分を占めている。

地域産業分析の世界では、機械系業種は「金属製品」「一般機械」「電気機械」「輸送用機械」「精密機械」の五業種を中心に、分析的には時と場合によって「プラスチック」を含む場合と、あるいは「鉄鋼」「非鉄金属」を含む場合とがある。岡谷の現状では、先の「一般機械」「電気機械」「精密機械」の三業種を核に「金属製品」が深く関連するという構図が基本であろう。そして、「輸送用機械」「非鉄金属」「鉄鋼」「プラスチック」が基幹四業種の周辺部分を構成するという構図となっている。

実際、岡谷の場合は、これら基幹の四業種で、事業所数の七〇・三%、従業者数の七七・六%、出荷額の七六・五%を占めているのである。さらに、機械系七業種（「鉄鋼」「非鉄金属」「金属製品」「一般機械」「電気機械」「輸送用機械」「精密機械」）でみると、事業所数の七五・四%、従業者数の八四・三%、出荷額の八五・三%と圧倒的大多数を占めていることが注目される。この点、全国最大の機械工業集積地として知られる東京大田区では、機械系七業種（一九九八年）で、事業所数の七九・二%、従業者数の七三・〇%、出荷額の六九・七%であることからすると、岡谷の機械金属工業への傾斜ぶりは「大田区並み」ということができそうである。ただし、事業所数、従業者数、出荷額の三つの数字の関係からすると、岡谷と大田区は対照的であり、小零細企業が大量に成立している大田区に比べ、岡谷はやはり集積の規模と拡がりが小さい事情がうかがわれる。そうした事情はあるにせよ、岡谷は地方小都市としては、日本で最大の深みのある地方機械工業集積を形成していることはいうまでもない。

基幹業種の劇的な交代

表1―4は、岡谷の機械金属七業種について、事業所数の変化をみたものである。東京オリンピック直後の六五年以降、日本産業の大きな節目である幾つかの時点の業種別事業所数を取り上げてみた。この表からは、岡谷の約三〇年間の変転が読み取れることになろう。
六五年の事業所数は七六七軒であったが、七〇年代以降はほぼ一〇〇〇～一一〇〇軒程度で推移している。この間、機械金属七業種に属する事業所数の増加は著しく、全体で九一年には六五年の三倍強に

表1—4　岡谷機械金属工業の推移（事業所）

区　分	事業所数					構成比（%）				
	65	73	85	91	98	65	73	85	91	98
総数	767	1,038	1,096	1,155	947					
機械系7業種	312	607	791	865	714	100.0	100.0	100.0	100.0	100.0
鉄鋼	8	7	13	10	8	2.6	1.2	1.6	1.2	1.1
非鉄金属	12	20	19	16	15	3.8	3.3	2.4	1.8	2.1
金属製品	60	134	113	141	124	19.2	22.1	14.3	16.3	17.4
一般機械	60	138	224	292	259	19.2	22.7	28.3	33.8	36.3
電気機械	45	114	160	177	133	14.4	18.8	20.2	20.5	18.6
輸送用機械	25	26	30	37	25	8.0	4.3	3.8	4.2	3.5
精密機械	102	168	232	192	150	32.7	27.7	29.3	22.2	21.0

注：機械系７業種とは、鉄鋼、非鉄金属、金属製品、一般機械、電気機械、輸送用機械、精密機械。
資料：『岡谷の工業』（工業統計調査報告）各年版

表1—5　岡谷機械金属工業の推移（粗付加価値額）

区　分	粗付加価値額（千万円）					構成比（%）				
	65	73	85	91	98	65	73	85	91	98
総数	—	4,501	11,050	12,740	11,052					
機械系7業種	776	3,508	10,101	11,011	8,825	100.0	100.0	100.0	100.0	100.0
鉄鋼	12	59	112	x	x	1.5	1.7	1.1	x	x
非鉄金属	31	226	529	579	366	4.0	6.4	5.2	5.3	4.1
金属製品	54	253	596	1,093	1,099	7.0	7.2	5.9	9.9	12.5
一般機械	193	902	5,707	4,622	3,224	24.9	25.7	56.5	42.0	36.5
電気機械	72	474	1,430	1,475	2,263	9.3	13.5	14.2	13.4	25.6
輸送用機械	18	122	251	544	407	2.3	3.5	2.5	4.9	4.6
精密機械	397	1,472	1,476	2,698	1,466	51.2	42.0	14.6	24.5	16.6

注：機械系７業種とは、鉄鋼、非鉄金属、金属製品、一般機械、電気機械、輸送用機械、精密機械。
資料：『岡谷の工業』（工業統計調査報告）各年版

もなった。その結果、六五年には事業所の総数に占める機械金属七業種の比重は四〇・七％であったのが、第一次オイルショックの七三年には五八・五％、プラザ合意の八五年に七二・二％、そして、バブル経済時の九一年には七四・九％にも達したのであった。そして、九八年現在には七五・四％に落ち着いている。いずれにせよ、岡谷の工業は、この三〇年の間に機械金属工業の比重を飛躍的に高めたことがわかる。

次に、業種別の事業所数の推移をみると、金属製品以下の主要四業種は九一年まではいずれも増加傾向を深めてきた。金属製品が六五年の六〇事業所から九一年には一四一事業所（二・四倍増）へ、一般機械がこの間、六〇事業所から二九二事業所（四・九倍増）、電気機械が四五事業所から一七七事業所（三・九倍増）、精密機械は一〇二事業所から一九二事業所（一・九倍増）であった。他方、機械金属業種の中でも、鉄鋼、非鉄金属、輸送用機械は比重も小さく、大きな変化もない。主要四業種の中でも、一般機械、電気機械、金属製品が主役であり、精密機械もそれなりの増加を示したということであろう。

その結果、機械金属七業種に占める事業所の比重は、六五年段階では、精密機械が三二・七％と圧倒的なシェアを占めていたのだが、九八年には二一・〇％となり、逆に、六五年当時は一九・二％であった一般機械が九八年には三六・三％となった。明らかに、この三〇年の間に、岡谷の工業は時計、カメラの精密機械から、一般機械、電気機械へと主役を大きく交代させてきたのであった。九八年段階では、機械金属七業種に占める一般機械と電気機械の事業所の比重は五四・九％となっているのである。

この点、表1―5の粗付加価値額の推移はさらに劇的である。七三年段階の岡谷工業全体の粗付加価値額に占める機械金属七業種の比重は七七・九％であったが、八五年には九一・四％、さらに、九一年は八六・四％、九八年には七九・八％となっている。岡谷の工業の生み出す付加価値のほぼ八割は機械金属七業種によっているのである。

また、この機械金属七業種の中の比重の変化をみるとやはり精密機械から一般機械、電気機械への基幹産業の交代が鮮明に現れている。精密機械は六五年の五一・二％から、七三年には四二・〇％、またプラザ合意のあった八五年には一四・六％、九一年には二四・五％、そして、九八年には一六・六％へと激しく低下してきた。これに対して、一般機械は、六五年は二四・九％であったが、八五年には五六・五％、九一年は四二・〇、九八年も三六・五％とほぼ三分の一規模となっているのである。同時に電気機械も、六五年はわずか九・三％であったのが、九一年には一三・四％、そして、全体が低迷している中で、九一年以降も順調に推移し、九八年には二五・六％に達するものになっている。その結果、九八年には一般機械、電気機械を合わせて六二・一％を占めているのである。まさに、この三〇年の間に、岡谷工業の基幹的な部門は、精密機械から一般機械、電気機械に劇的に転換したのであった。

(4) 岡谷の大規模事業所

諏訪・岡谷の機械工業は、諏訪の東洋バルブ（後に、北沢バルブが分離）といった戦前期に地場から立ち上がった企業に加え、戦前戦中に疎開してきた精工舎（現、セイコーエプソン）、帝国ピストンリング、オリンパスなどが母体になって成立した。さらに、戦後は北沢バルブ（現、キッツ）から分派独立したヤシカ（現、京セラ）、三協精機、チノン（現、コダック）等が登場し、特に、時計、カメラ、オルゴールで一世を風靡したのであった。

だが、諏訪湖のほとりに展開する諏訪、岡谷は空間的な制約が大きく、各社の事業拡大を受け入れる余地は乏しかった。そのため、セイコーエプソンやオリンパスなどは次第に諏訪盆地から外に新天地を求めていった。その結果、現在の諏訪・岡谷には、有力企業としては、諏訪のキッツ、セイコーエプソン、コダック、岡谷の帝国ピストンリング、京セラなどが名前を並べているにすぎない。さらに、精密機械の時代のエースであったセイコーエプソンは時計事業はかなり縮小し、半導体、液晶、コンピュータ、プリンターなどに主力事業を移し、また、カメラのヤシカの流れをくむ京セラも光学機器、光学応用製品に転じるなど、二〇〜三〇年前とは事業内容が大きく異なったものになっているのである。

大規模事業所の再編成

この間、時計、カメラ事業の下支えをしてきた中堅どころの企業は大きな再編の波に飲み込まれていった。ヤシカは京セラに買収され、チノンはコダックに、さらに、三協精機には新日鉄の資本が入るなど、戦後の諏訪・岡谷の精密機械工業をリードした企業の幾つかは中央の大手資本の傘下に組み込まれていった。こうした波は地域の中堅企業にも波及し、表1—6に掲載されている天竜工業はセイコーエプソンと合併（九八年）、岡谷工学機械はオリエント時計と共に岡谷プレシジョンに統合（八五年）、山和電機は富士写真光機が全額出資し、九〇年には岡谷富士光機に名称変更している。また、みくに機械製作所はみくに工業に名称変更している。

その結果、表1—6に掲げた九九年の大規模事業所をみる限り、特に岡谷においては、帝国ピストンリング、京セラ、セイコーエプソンが最有力企業として存在しているにすぎない。従業者規模でみても、

表１—６　岡谷の大規模事業所（機械金属系）

事業所名	従業員数(人)	資本金(億円)	主要製品
【1999】			
帝国ピストンリング㈱長野工場	1,050	33.9	ピストンリング、シリンダライナ
京セラ㈱長野岡谷工場	700	1033.0	光学機器製品、工学応用製品等
マルヤス機械㈱岡谷工場	485	12.1	コンベアー、搬送省力機械
セイコーエプソン㈱岡谷事業所	426	125.3	腕時計部品
岡谷富士光機㈱	250	1.0	ミニラボシステム、印刷製版機器
沖電線㈱岡谷工場	200	43.0	電線
岡谷電機産業㈱長野製作所	158	22.9	コンデンサー、発光ダイオード
山二発条㈱岡谷工場	131	1.0	ばね
㈱東信鋼鉄	120	1.3	鉄鋼、特殊鋼全般
㈱サンコー岡谷工場	109	6.1	音響部品、ＯＡ機器部品
セイコーエプソン㈱岡谷第二工場	105	125.3	産業用ロボット、ハンドラー
【1970】			
帝国ピストンリング㈱長野工場	1,600	12.9	ピストンリング
㈱ヤシカ岡谷工場	793	12.1	カメラ
オリンパス工業㈱諏訪工場	728	27.8	カメラ
天竜工業㈱	728	0.1	時計
岡谷工学機械㈱	600	0.2	時計
山和電気㈱	447	0.1	映写機
マルヤス機械㈱岡谷工場	443	0.4	コンベアー
㈲みくに機械製作所	390	0.0	時計部品
㈱沖電線岡谷工場	344	8.0	コイル
山二発条㈱岡谷工場	261	1.0	ばね
トーハツ㈱岡谷工場	204	3.0	汎用機関
岡谷電機産業㈱	122	5.0	コンデンサー
丸興工業㈱若宮工場	121	1.5	増幅機

注：機械金属系で、従業員数100人以上の主要工場
資料：『岡谷市工業名鑑』各年版

最大が帝国ピストンリングの一〇五〇人であり、九九年段階では、三〇〇人を越える事業所は先の三事業所に加え、コンベアー、搬送省力機械のマルヤス機械岡谷工場のみとなっている。かつての、セイコーエプソン、ヤシカ、オリンパスなどが時計、カメラで大活躍した時代は遠のき、いずれも各社の主力工場ではなくなり、産出製品も新たな時代に対応した多様なモノとなっている。現状、かつての面影をみせる大規模事業所とは、岡谷では帝国ピストンリングだけになっているといってよい。

(5) 幅広い製品展開へ

近年、岡谷の工業は従来の時計、カメラからのダイナミックな転換の過程をたどっている。この間の適当な統計資料はなかなか手に入らない。わずかに過去の資料としては、長野県の実施した産地診断報告書(長野県中小企業総合指導所『岡谷地区精密機械工業産地診断報告書』一九七六年)に七四年時点の主要製品の出荷額が記載されている。ただし、製品分類も、現行の『日本標準産業分類』とは異なっている。こうした制約はあるものの、七四年当時の大まかな状況を示すものとして利用し、九七年の主要製品との簡単な比較を行っておくことにしたい。

時計、カメラから多様な製品分野に

七四年の状況をみると、時計、カメラが中心的な位置を占めており、第一位のカメラの出荷額は約二二五億円を数え、岡谷工業の一八・二%を占めていた。第二位は時計であり、約一三二億円で、全体の一〇・七%を占めていた。その結果、このカメラ、時計の二品目で、全体の二八・九%を占めていたの

表１―７　岡谷市機械金属工業の主要製品の出荷額推移

順位	1974			1998		
	製品	出荷額（万円）	構成比（%）	製品	出荷額（万円）	構成比（%）
	合計	12,385,560	100.0		23,853,783	100.0
1	カメラ	2,253,958	18.2	その他の電子部品	1,846,997	7.7
2	時計	1,320,306	10.7	ピストンリング	1,619,613	6.8
3	汎用内燃機関	988,762	8.0	外部記憶装置	x	x
4	電気音響機器	840,669	6.8	医薬品製剤	x	x
5	８ミリ撮影機	508,951	4.1	写真装置、同関連器具	x	x
6	電線ケーブル	341,072	2.8	自動車用内燃機関の部分品・取付具等	914,983	3.8
7	荷役運搬具	339,146	2.7	コンベア	x	x
8	自動車部品	275,011	2.2	打抜・プレス機械部分品	570,265	2.4
9	銅合金	238,753	1.9	船舶用タービン	x	x
10	通信機器	234,276	1.9	カメラ・写真装置の部分品・取付具等	475,814	2.0
11	金属工作機械	199,536	1.6	その他の電気計測器	x	x
12	圧、流、液面計	170,584	1.4	事務用機械器具の部分品・取付具等	420,900	1.8
13	機械部品	163,827	1.3	産業用ロボット	x	x
14	民生用電機	155,863	1.3	電子計算機、同付属品装置部分品等	411,284	1.7
15	スプリング	151,320	1.2	民生用電気機械器具の部分品・取付具等	399,371	1.7
16	銑鉄鋳物	141,178	1.1	銅被覆線	x	x
17	紡績機械	129,614	1.0	携帯時計側	x	x
18	メッキ表面処理	118,171	1.0	35ミリカメラ	x	x
19	バルブ	71,600	0.6	数値制御旋盤	x	x
20	ダイカスト	53,077	0.4	プリント配線板	264,163	1.1

注：上位20品目
資料：長野県中小企業総合指導所『岡谷地区精密機械工業産地診断報告書』1976年、『岡谷の工業』（工業統計調査報告）1999年版

であった。

だが、その後の大きな構造変化の中で、岡谷の主要製品は劇的に変わっていく。表1―7の九八年の『日本標準産業分類』の品目別（六桁分類）順位によると、二〇位までの中に、カメラ関係はわずか五位の写真装置等、一〇位のカメラ・写真装置等、一八位の三五ミリカメラがあるにすぎない。時計関連に至っては、二〇位までの中では第一七位の「携帯時計側」以外、明瞭な形では存在していないのである。

逆に、この間、九八年に上位に登場している品目としては、「その他の電子部品」「外部記憶装置」「その他の電気計測器」「産業用ロボット」などが目立ち始めている。また、九八年の第一位である「その他の電子部品」は岡谷工業の出荷額の七・七％にすぎない。岡谷の工業はすでにかつてのように特定品目に依存するという形ではなくなっているのである。従来からの製品としては、ピストンリング、コンベア、銅被覆線、タービン等が残っているものの、時計、カメラで一時代の繁栄を謳歌した岡谷は、現在では、「外部記憶装置」「その他の電気計測器」「産業用ロボット」などの新たな産業分野の製品に加え、「その他の電子部品」や、多方面にわたる部品生産を基調とするものに変わりつつある。この三〇年ほどの間に、岡谷の工業の中身は劇的に変化してきたのであった。

三　岡谷工業の技術構造

以上のような点を踏まえ、次に、岡谷の工業の「技術集積」というべきものに踏み込んでいくことにする。こうした問題について、ここのところ、私は地域の技術構造を以下の図1―1のような三角形のモデルで説明している。(8)

(1) 技術集積からみた岡谷工業

地域技術集積の三角形モデル

図1―1の三層の三角形の一番下の層は「基盤技術」といい、鋳造、鍛造、メッキ、プレス、機械加工、金型、塗装等の伝統的な加工業種から構成される。そして、日本の場合、この「基盤技術」の部門が圧倒的多数の中小企業によって担われ、激しい競争の中で技術レベルを高めてきたのであった。日本の産業構造の最大の特質は、この「基盤技術」の部門が中小企業によって占められていることにあろう。

一番上の「特殊技術」とは、いわばハイテク部門であり、これまで、大企業、中堅企業、一部のベンチャー・ビジネスによって担われてきた。

真ん中の「中間技術」とは、生産技術、測定技術、メンテナンス技術、あるいはかつてのハイテク技術で現在では当たり前になっている技術などを含む。

そして、以上の三つの技術群が重なることによって、産業的な展開が具体性を帯びてくることになる。なお、三角形が高いということは、技術レベル全体が高く、幅が広いということは、技術的な奥行き、拡がりがあると考えてよい。そして、日本はこの一〇〇年の先輩達の努力により、世界でも稀な富士山型の立派な三角形を形成することに成功してきたのであった。

ここでは、あまり細かな議論をする余裕はないが、戦後のリーディング・インダストリーの交代に対

図1—1　技術集積の三角形モデル

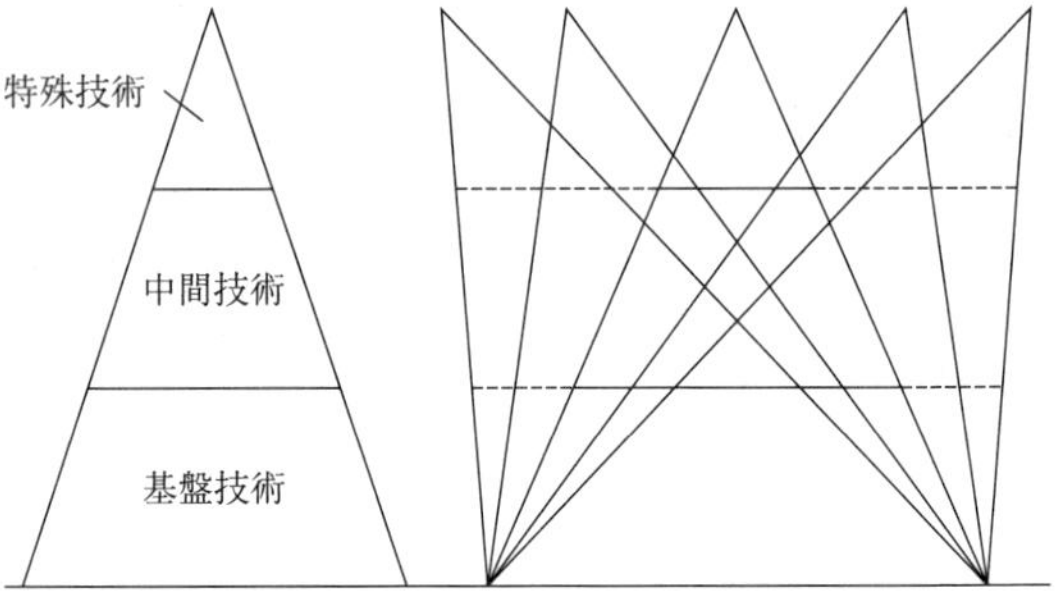

図1—2　岡谷の工業の技術集積構造

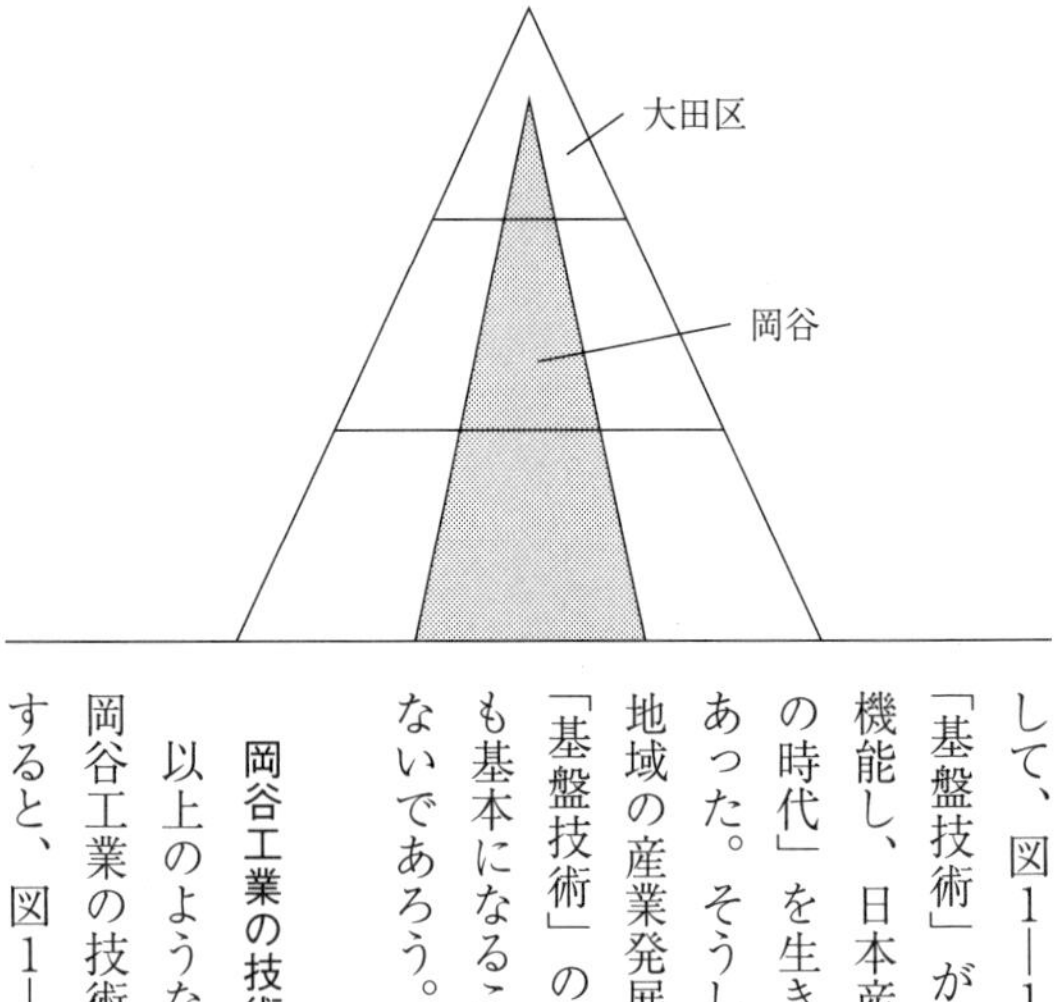

して、図1—1の右側のように、「基盤技術」がその支えとして機能し、日本産業は「技術革新の時代」を生き抜いてきたのであった。そうした意味で、一国地域の産業発展にとって、特に「基盤技術」の部分の充実が最も基本になることはいうまでもないであろう。

岡谷工業の技術集積構造

以上のような三角形モデルで岡谷工業の技術集積構造を図示すると、図1—2のようなものになろう。

諏訪・岡谷地域は先に指摘したように、幾つかの有力企業を頂点とする全体としての「細密な小物量産品」産地として歩んできたために、意外に技術的な幅が狭い。「細密な小物の量産品」の生産にかけては、世界でも最も上手にこなすであろうが、大物製品、多種少量生産等はあまり考慮されてこなかった。極めて限られた範囲での技術集積構造が形成されてきたのである。

そうした点を前提とした三角形とは、図1―2にように、三角形の高さが低く、また、幅も狭い、全体として痩せた三角形ということになろう。そして、やや鋭角な三角形であるからこそ、時計、カメラ等の限られた製品分野において、際立った効率性を地域全体が形成し、一時期までの繁栄を謳歌したのであろう。ただし、現在の岡谷の工業はかつての産地全体としての「細密な小物量産品」の生産では生きていけそうにない。そうした分野の多くは、アジア諸国地域に移管されているのである。

この点、東京の大田区、多摩地域と比較した加工機能別の表（表1―8）が注目される。大田区、多摩地域のデータは八五年前後とかなり古いが、その当時が大田区、多摩地域の加工機能の集積が最も充実した時期であり、一つの基準としてみることもできる。そして、この表1―8からは、幾つかの興味深い点が指摘される。

まず、岡谷の場合は自社製品を保有する「製品開発型企業」が相対的に少ない。この点は岡谷の工業の今後の最大の課題の一つといえよう。地域の工業集積を牽引するのは、こうした「製品開発型企業」なのであり、特定企業の企業城下町的性格を帯びていた岡谷においては、地域の工業集積のリーダー的役割を演ずる新たな企業群の登場が待たれているのである。

加工機能業種に関しては、切削系の「機械加工型」企業に重点があることがわかる。この「切削」と「プレス」「メッキ」の比重が相対的に高く、逆に「製缶・鈑金」「鍛造」といった「重装備型」の企業が脆弱であり、さらに「プラスチック成形」業種も少ないことも一つの大きな特徴である。かつての精密機械の時代の名残が残っているのであろう。先に指摘したように、岡谷の工業の産出製品はかつての

表1—8　機械金属工業加工機能類型比較

企業類型＼地域		岡谷市		東京都大田区		東京都多摩地域	
		企業数	構成比	企業数	構成比	企業数	構成比
製品開発型企業		33	7.6	318	10.6	461	16.7
重装備型	製缶・鈑金	22	5.0	366	12.1	352	12.8
	プレス	30	6.9	246	8.1	166	6.0
	鋳造	12	2.8	74	2.4	23	0.8
	鍛造			19	0.6	1	0.0
	熱処理	3	0.7	15	0.5	7	0.3
	塗装	7	1.6	63	2.1	60	2.2
	メッキ	12	2.8	88	2.9	44	1.6
	小　計	86	19.7	871	28.8	653	23.7
機械加工型	切削	180	41.3	1,110	36.7	643	23.3
	金型・治工具	19	4.4	239	7.9	135	4.9
	小　計	199	45.6	1,349	44.5	778	28.2
周辺的機能	プラスチック成形	3	0.7	148	4.9	135	4.9
	プリント基板	7	1.6	4	0.1	49	1.8
	賃加工組立	68	15.6	60	2.0	389	14.1
	機械要素	11	2.5	69	2.3	130	4.7
	原材料関係	5	1.1	85	2.8	19	0.7
	その他	24	5.5	125	4.1	143	5.2
	小　計	118	27.1	491	16.2	865	31.4
合　計		436	100.0	3,029	100.0	2,757	100.0

注：構成比は%。
資料：岡谷市「平成3年調査アンケート集計結果」（有効回収率50.2%）
　　　大田区「昭和60年大田区実態調査の集計結果」（有効回収率37.6%）
　　　多摩地域「昭和60年～平成元年度広域工業診断の際のアンケート集計」

カメラ・時計から実に多様性に富んだものになってきたが、それでもやはり小物金属部品生産の比重が依然として高いことがうかがわれる。さらに、それら金属部品をベースにした「賃加工組立」がかなり目立っているのである。

以上のような点をみる限り、岡谷の工業はかつてのカメラ・時計から新たな領域に大きく移行してはいるものの、技術基盤としては、依然として「小物細密金属量産部品」をベースにしていることがわかる。おそらく現在は大きな転換期であり、「小物細密金属量産部品」の技術をベースに幅の広い製品展開に向かうか、あるいは、より幅の広い技術的な可能性を求めていくかの分岐点にあるといってもよいと思う。そして、いずれにおいても、牽引力に優れる「製品開発型企業」を育成し、加工機能との濃密な交流の中で、展開力に優れる工業集積、技術集積を形成していくことが望まれる。現在、地元でも自覚されている鍛造、深絞り、ラッピング、パイプベンダー、スウェージング等の加工機能の欠落を地域で育成するか、あるいは他地域との交流の中で可能性を追求するかなど、新たな取り組みが必要とされているのである。

新たな「地域技術」の形成

以上のような諏訪・岡谷地域の技術の集積構造は、次世代を予感させる「精密機械工業」の集積地というよりは、時計、カメラといった限られた製品群の「小物量産品」を生産するに好都合なものであったにすぎないことを示唆しているように思う。現状、時計、カメラを「精密」という概念でとらえることは難しい。むしろ、現代の「精密」とは、時計、カメラといった製品よりも、個別の部品の加工精度、さらには、「システム」としての「精密さ」に向かっているように思う。そして、特にその「システム」の多様性を受け止め、それを個々に確実に応え、さらに、それを統合するものとしての「精密さ」が求められている。

したがって、その多様性と、それを統合する基盤としての新たな技術の集積構造が求められているように思う。それは、限られた部門で鋭角な三角形を作るというのではなく、幅の広い「基盤技術」をベースに、多様性に応えられる「地域技術」を形成していくことがなにより必要であろう。

圧倒的に有力な幾つかの企業による「企業城下町」的色合いの濃かった諏訪・岡谷地域においては、個々の企業の結びつきがタテ系列にされており、ヨコへの拡がりに乏しい。さらに、これまでの諏訪・岡谷地域では、幾つかの有力企業が上から垂直的に統合し、全体としての三角形を鋭角にしていたのであるが、これからは、「基盤技術」に関わる個々の企業が特殊化、専門化を進め、「基盤技術」の幅を広げ、ヨコの結合によって機能を倍化していける状況を作り上げていくことが必要であろう。かつての同じような「自動旋盤」の加工業しかみえないといった状況を突破し、幅の広い「基盤技術」の形成を目指しながら、多様な要請に応えられる「地域技術」を作り上げていくことが期待される。それは先の三角形の底辺の幅を拡げるということである。

そして、地域工業を牽引する多様な「開発型中小企業」が大量に登場し、「基盤技術」との多様な相互依存関係、新たなネットワークを形成し、地域の技術集積構造に新たな幅を持たせていくことが求められる。特定の限られた有力企業に依存する形のままでは、幅の広い技術の集積構造の三角形の形成は期待しにくいのである。

(2) 第三回目の発展のステージ

以上、岡谷工業の課題を幾つか指摘したが、全国的にみるならば、もちろん、諏訪などの周辺も含めた当地域の技術の集積構造は相当のレベルにある。むしろ、これまでの日本の中核的な位置を占めていた京浜工業地帯が歯槽膿漏的な状況に向かいつつあり、地方工業拠点の重要性は高まっている。その中でも、「諏訪・岡谷地域」は地方工業拠点の「雄」というべき存在であり、今後、一段と技術集積構造の厚みをつけていくことが求められる。

そして、事実、この十数年の辛い時期を経ることにより、岡谷や諏訪には、かなり独自的な内容を示す中小企業が登場しつつある。むしろ、辛い十数年間をしのいだことにより、新たな存立基盤を見出したということかもしれない。皆が同様の方向を向くということが「産地」の一つの特徴だが、今後は「皆で渡れば」式のやり方では、対応できそうもない。個々の独自な発展方向の積み重ねにより、多様性に応えられるという形が求められているように思う。

海外雄飛型企業とネットワーク型企業の登場

現状、時計、カメラの時代以後の辛い時期をくぐり抜けた諏訪・岡谷地域の中小企業の中から、全国的にみても注目すべき中小企業が多数登場しつつある。今後は、そうした流れを温かく受け止め、未曾有の「地方工業拠点」を形成していくことが求められているのでろう。

この点、岡谷は近年全国的に拡がっている「異業種交流運動」も活発であり、早い時期からそうした組織化が推進されている。例えば、現在「協同組合ハイコープ」で知られる異業種交流集団は、七八年に諏訪地域の中小企業四社により、共同受注、共同資材購入、金融事業を主たる目的で結成され、その後、活動範囲が拡大し、参加組合員数は二三〇社、参加地域も長野、新潟、山梨、関東一円と拡がっている。この組合では、夢の二一世紀が来ることを念じて、「地球と共生する経営にシフトした企業活動＝地球環境に優しい本物づくり、人づくり、情報ネットワークづくり、信用（資本）づくり」を経営の共通項として捉え、積極的に異業種交流事業を推進してきたのである。

そして、このような活動が地域に拡がっていることをベースに、岡谷では、近年、興味深い新たな動きが生じている。

例えば、岡谷には若手中小企業経営者群によるＮＩＯＭ（New Industrial Okaya Members）という異業種交流グループが結成されており、相互に高めあいながら、果敢に海外進出に踏み出すなど、これまでの地域の有力企業依存から、「海外雄飛」を視野に入れる企業が目立ち始めている。特に、諏訪・岡谷地域の中小企業は地域に閉塞しがちであったことからすると、意識的に外部への関心を抱き、ビジネス・チャンスのあるところ、世界のどこへでも出掛けるという、いわば「出前」型の事業展開を果敢に展開していくことが必要であるように思う。長野県という閉塞された地域にいるからこそ、むしろ、体力の続く限り外に出掛け、新たな刺激を受けながら、さらに、個々が独自化し、多様な要請に応えられる新たな「地域技術集積」を形成していくことが課題とされていくのであろう。

また、この「海外雄飛型企業」に加え、昨今の情報通信技術の発展の成果を受け、インターネット上に「諏訪バーチャル工業団地」なるものを構築し、新たな可能性を模索しようとする若手中小企業経営者群も生まれてきた。このような集団の登場と積極的な取り組みは、岡谷の工業の明日に大きな希望をもたらしている。地域工業の長老たちからも十分な支持を受けているのである。振り返ってみると、製糸の時代、カメラ・時計の精密機械の時代に次いで、現在の取り組みは岡谷の工業の第三ステージを形成していくための「うねり」となっているのである。それは、岡谷の工業の課題としてだけではなく、次の時代を見通せていない全国の地方工業都市にとっての先駆的なものであることはいうまでもない。

(1) 当時の諏訪・岡谷の事情は、㈳中小企業研究センター『機械工業における中小企業の地域工業集積からみた新たな展開』一九八六年、にまとめてある。また、九四年頃の事情は、東京情報大学関満博ゼミナール『長野県岡谷地域の工業振興の課題』一九九五年、を参照されたい。

(2) 大田区の事情の詳細は、関満博・加藤秀雄『現代日本の中小機械工業』新評論、一九九〇年、関満博『地域産業の開発プロジェクト』新評論、一九九〇年、を参照されたい。

(3) 岡谷市の工業化の歩みについては、板倉勝高「諏訪盆地における工業の変化」(『人文地理』第二巻第三号、一九五九年)、岡谷市『岡谷市史(中巻)』一九七六年、同『岡谷市史(下巻)』一九八二年、柳平千彦「長野県諏訪地方の蚕業構造の推移と発展」(『信濃』第三六巻第五号、一九八四年)を参照した。

(4) 一九九二年以降の日本企業のアジア進出については、関満博『アジア新時代の日本企業』中公新書、一九九九年、同『上海の産業発展と日本企業』新評論、一九九七年、同『日本企業/中国進出の新時代』新評論、二〇〇〇年、を参照されたい。

(5) 秋田県本荘市の機械工業集積に関しては、関満博・柏木孝之編『地域産業の振興戦略』新評論、一九九〇年、一橋大学関満博研究室『秋田県本荘・由利地域工業集積の発展課題』二〇〇一年、を参照されたい。

(6) 長野県坂城町の機械工業集積に関しては、関満博・一言憲之編『地方産業振興と企業家精神』新評論、一九九六年、を参照されたい。

（7）岩手県北上市の機械工業集積に関しては、関満博・加藤秀雄編『テクノポリスと地域産業振興』新評論、一九九四年、を参照されたい。

（8）この三角形モデルの詳細は、関満博『空洞化を超えて』日本経済新聞社、一九九七年、を参照されたい。

第二章　岡谷工業の地理的展開

地表空間上における経済活動は、地理的条件から利益を享受するとともに絶えず制約を受けている。経済活動を発展させて行くためには、地表空間をその時々の技術段階に応じて組織化して行く必要がある。言うまでもなく、産業集積というのも経済活動を効率的に遂行するための空間組織化の一形態である。それが意味するのは、巨視的にみて空間的に一点に凝集しているというだけではなく、微視的にみれば産業集積は広がりを有しているのであり、産業集積地域の内部でもさまざまな空間的秩序を必要とするということも意味している。産業集積地域たる岡谷がその工業発展の過程でさまざまな条件に規定されながらも空間的秩序をいかに形成したのか、また、今後の産業集積の発展のために今後いかなる空間的秩序が必要とされるのか、これらを解明することが本章の課題である。

以下では、まず諏訪地域における岡谷の地位を確認した上で、まず、近世から近代に至る岡谷の近代工業の成立と都市形成の過程について概観したい。近代工業都市・岡谷の成立には諸種の地理的条件が重要な契機として横たわっているのであり、これは同時に今日の岡谷の工業集積および工業配置を考える上でも見逃せない点である。第二に、第二次世界大戦後、現在に至るまでの工業配置の形成と都市空間の変化について論じたい。これらを踏まえた上で、岡谷の持続的な工業発展に対する工業配置政策上もしくは都市計画上の課題を整理する。

一　地理的条件からみた岡谷市の工業発展

(1)　諏訪地域における岡谷

諏訪地域といった場合、諏訪湖に面した二市一町、すなわち岡谷市・諏訪市・下諏訪町に加え、八ヶ岳連峰の東麓をなす茅野市・富士見町・原村の合計三市二町一村を指して用いられる場合が多い。本地域の東・北・西縁は日本海側と太平洋側の分水界をなす山々で界されており、南側には南アルプスの山塊が迫っている。この範囲は、自治省の定める広域市町村圏の範囲であり、同時に、長野県の諏訪地方事務所の管轄範囲でもある。経済的側面からみれば本地域と松本盆地や伊那谷地域などとの連結は強度をましていく一方であるが、行財政、地形や気候条件、住民気質などの面で諏訪地域は今日なお明らかなまとまりを有する地域範囲である。

本地域は一九九五年現在、二、六九五の工場とそこに働く三八、六六六の工業従業者を擁する。うち、一、〇一四工場の一二、七三二人は岡谷市に位置しており、それぞれ地域全体の三八％、三三％に相当し、本地域の工業集積の中核をなしている。また、岡谷市の第二次産業人口比率は五二・三％であり、この値も他市町村のそれを大きく上回るものである。このような岡谷市工業の高い地位は、以下で述べるように本地域の近代工業が諏訪湖の北岸で芽生えたことと関係している。しかし、前章でみたように事業所数および従業者数でみる限り九〇年代頭から岡谷市の地位は低下傾向にあり、今日、本地域の工業集積の範囲は諏訪湖北岸および国道二〇号沿線のみならず、茅野市はじめ八ヶ岳西麓に拡大する兆し

図２―１　諏訪地域における従業者50人以上の機械系工場の分布（1996年）

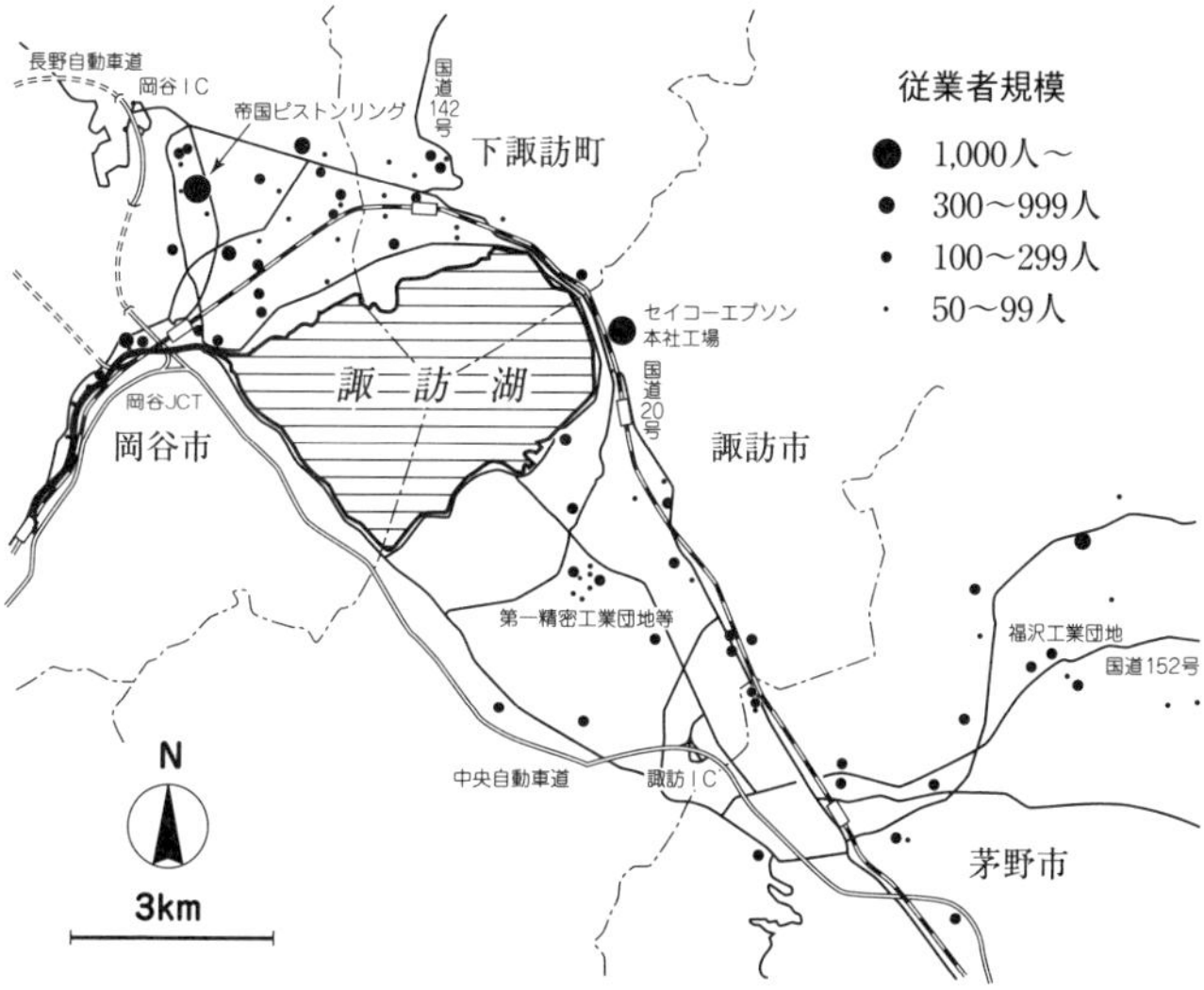

資料：『長野県工場名鑑』より作成。

がある（図２―１）。このことは、九六年までの過去一〇年間で本地域で取得された工場用地面積のうち六九％もの割合を茅野市が占めていることからも伺える（工場立地動向調査に基づく）。

(2)　農村副業としての綿打業と座繰製糸業

諏訪地域の工業化の歴史を地理的な条件からひもとくと、日本の多くの中小製造業の集積地がそうであるように、本地域の工業のルーツも、自然条件にめぐまれない農村の副業にそのルーツがあった。近世に芽生えた代表的な副業は、寒天、漆器、鋸、綿打、座繰製糸などであるが、とくに綿打と座繰製糸の発展は本地域における近代工業の成立を揺籃するものであった。

本地域の工業の核心をなすのは、現在も

岡谷から下諏訪、上諏訪にかけての諏訪湖北岸であるが、綿打と座繰製糸は諏訪盆地の中でもこの一帯に成立した。というのも、農業生産に不向きな北岸の地形に起因している。諏訪湖の南東岸に注ぐ宮川や上川は、稲作に適する沖積地を形成した。一方、北から諏訪湖に注ぐ横河川・砥川・角間川等は湖岸近くまで迫る扇状地を形成し、沖積地はわずかな面積にすぎない。扇状地は乏水であるから、農村経済を潤すほどの稲作農業は発展し得なかった。

もっとも、北岸地域には優位な地理的条件もあり、それは古くからの交通の要衝であったという位置条件である。和田峠で諏訪地域に入った中山道は下諏訪で西に向きを変えて、現岡谷の北部今井を経て塩尻峠を越える。下諏訪では東から甲州街道が合流し、長地（岡谷市長地地区）では南から三州街道が合流した。まさに四方向への物流と情報の窓口を早くから確保していたのである。

交通の要衝

近世における内陸交通路はしばしば「塩の道」と表現される。隔海の内陸地域にとって塩を輸送する交通路は生命の道であった。塩尻峠というのも元は太平洋産の塩と日本海産の塩が出会う場所であった。「塩の道」が運んだのは塩ばかりではなかった。綿産地域ではなかった諏訪地域に綿引業がもたらされたのは、原料綿の移入に基づくものであった。三州街道を経て三州および遠州さらには大阪から、甲州街道を経て甲州方面から綿が移入された。

一八七五（明治八）年において現在の岡谷市域には一九二四世帯が居住していたが、その一五％程度に当たる約三〇〇世帯が綿引器を有し、その世帯員の千人以上が綿引業に従事していたと推計されている[1]。綿引業というものの、それは直接的な生産のみを呼称するだけではなく、原料綿の調達、加工された綿ならびに周辺地域で生産された綿布等の綿製品の販売、といった流通部門までを含んで綿引業と呼ばれていた。販売の段階においても、中山道を通って、綿製品の主要な市場である千曲川沿岸地域や松本盆地へアクセスしやすいという好条件を有していた。綿花の生産地域と綿製品の消費地域の間に岡谷が位置していたとみることができる。

交通条件の利点は座繰製糸の場合にも同様に指摘できることであり、付近で産出される繭から糸を繰り、関東及び中京・関西の機業地域に移出するためには好条件の場所に位置していた。いずれにせよ、狭小な沖積地という地形条件と年の半分は農業に従事できないという気候条件が、副業としての綿・生糸の生産及び流通を発達させていく十分な条件となった。そして、低温・乾燥の気候条件もまた製糸業における繭の貯蔵には好適であった。

(3) 機械製糸業の発達と都市形成

明治時代を迎えると、綿引業は競合産地の発生とともに廃れていくが、生糸の需要はますます増加の途をたどった。大量生産という時代的要請を受けて、本地域における機械製糸業の導入は、一八七二(明治五)年に上諏訪の角間川岸に深山田製糸場が設置されたのが始まりである。さらに、一八七五年には平野村間下字中山(現在の岡谷市山下町二丁目)の大川岸に中山社が操業を開始し、その後の岡谷製糸業の発展の重要な契機となった。一八八〇(明治一三)年には機械製糸の生産量が座繰製糸のそれを上回るに至った。

この頃になると「結社」という形で生糸の流通を組織する形態が生じ、この形態が一八九五年前後まで続いた。結社というのは、言わば協同組合であり、各製糸工場で生産した生糸を持ちより、等級別に選別した上で共同出荷するというものであった。これによって、品質の安定と消費地問屋への大量販売が可能となった。結社は、再繰もしくは揚返といった工程を共同化すべく、共同揚返工場を運営するという役割も有していた。(2) 二〇世紀を迎える頃には、結社に代わって「組」と呼ばれるより大規模な経営が支配的になった。

機械製糸業の立地に言及すると、その揺籃期には、諏訪湖岸や天竜川岸よりも山麓線に近い地点でその分布が多く認められた。これは、経営者の出自が各集落にあったということに加え、扇状地の傾斜部を流れる河川が水車動力に欠かせなかったこと、また、横河川等の上流域から調達される薪炭材が煮繭のための燃料になっていたことなどに起因するものである。のちの明治中期以降になると製糸工場は、天竜川の河岸および現在の岡谷市中心部に集中する様相をみせるようになる。こうした空間的集中の要因は、第一に煮繭のために大量の水が必要になったこと、第二に生産の大規模化に伴い、より馬力のある水車動力の得られる天竜川岸が好まれたこと、第三に動力が蒸気機関に置き換わっても石炭の輸送に天竜川を利用できたこと、第四に一九〇五(明治三八)年の中央東線の開通によって原料繭・石炭の運搬のために岡谷駅への近接性が重要な立地条件になってきたためである。

近代工業都市の形成

明治末期までには釜口橋付近の天竜河岸に工場煙突が立ち並び、岡谷は近代工業都市としての威容を醸し出すまでになった。岡谷の近代製糸業が全盛を極めた一九三〇年前後の岡谷の都市構造を地理学者、三澤勝衛の記述を手掛かりに検討したい(3)。

従来の平野村域は、今井・小井川・岡谷はじめ一一の集落が点在し、確固たる中心市街地を有していたわけではなかった。それが機械製糸業の大規模化に伴って、工業立地が村域の南部に求心的な動きをみせはじめた。工場周辺には住宅地も増加し、岡谷駅を中心に岡谷・新屋敷・上濱・小尾口・下濱の各集落は一つの連なった中心市街地に変貌を遂げた。かくして明治末期までに平野村に完成した都市的景観を三澤は「都市として第一期景」と命名した。

大正年間にも中心市街地の発展傾向は続くが、その過程の中で一部の都市機能に離心的な立地傾向が生じる。それは、製糸工場はじめとする工場群であった。工場の分散化は、塚間川および横河川の扇状地上の広い土地に引き付けられたため、また丸山製糸水道の完成によって沿岸部でなくとも間下集落のあたりまで諏訪湖・天竜川の水を利用できるようになったため、と説明される(図2—2)。一方で、市街地中心部には、交通運輸機関、会社、銀行、商店等の集積が進んだ。かかる求心・離心の双方の動きの中で、昭和初期には「都市としての第二期景」が出現した。その景観とは、中心から周辺に向けて商業区・工場圏・住宅圏の三圏からなる同心円状もしくは環状の都市構造であった。

商業区は第一期においては、もともと「多少の商業的色彩」を帯びていた岡谷および新屋敷の三州街道沿いが商業地区の色彩を深めた。さらに第二期を経ると中央通り沿いに「誠に見事な一つの商店街」が形成され「さながら岡谷銀座の観」を呈すようになった。中央通りに面した有力な商業地区を示したのが図2—3であるが、工場・倉庫群の間隙に工場従業者とその家族のための住宅が設けられ、中央通

図2—2　1920年代の旧平野村における製糸関係工場の分布

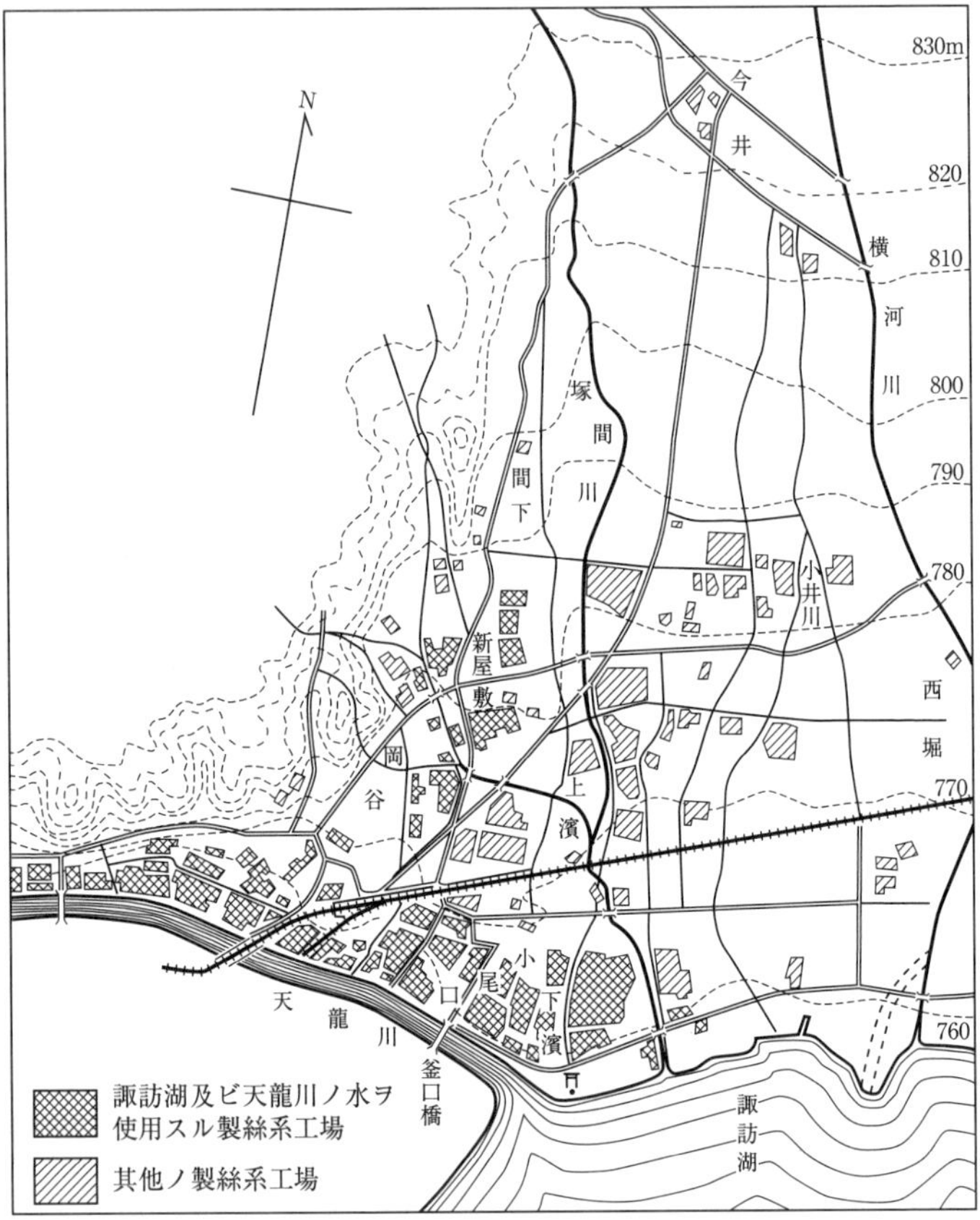

資料：三澤勝衛「諏訪製糸業発達の地理学的意義」(『地理学評論』第2巻) 946頁。

図２―３　1930年前後における中央通付近の土地利用

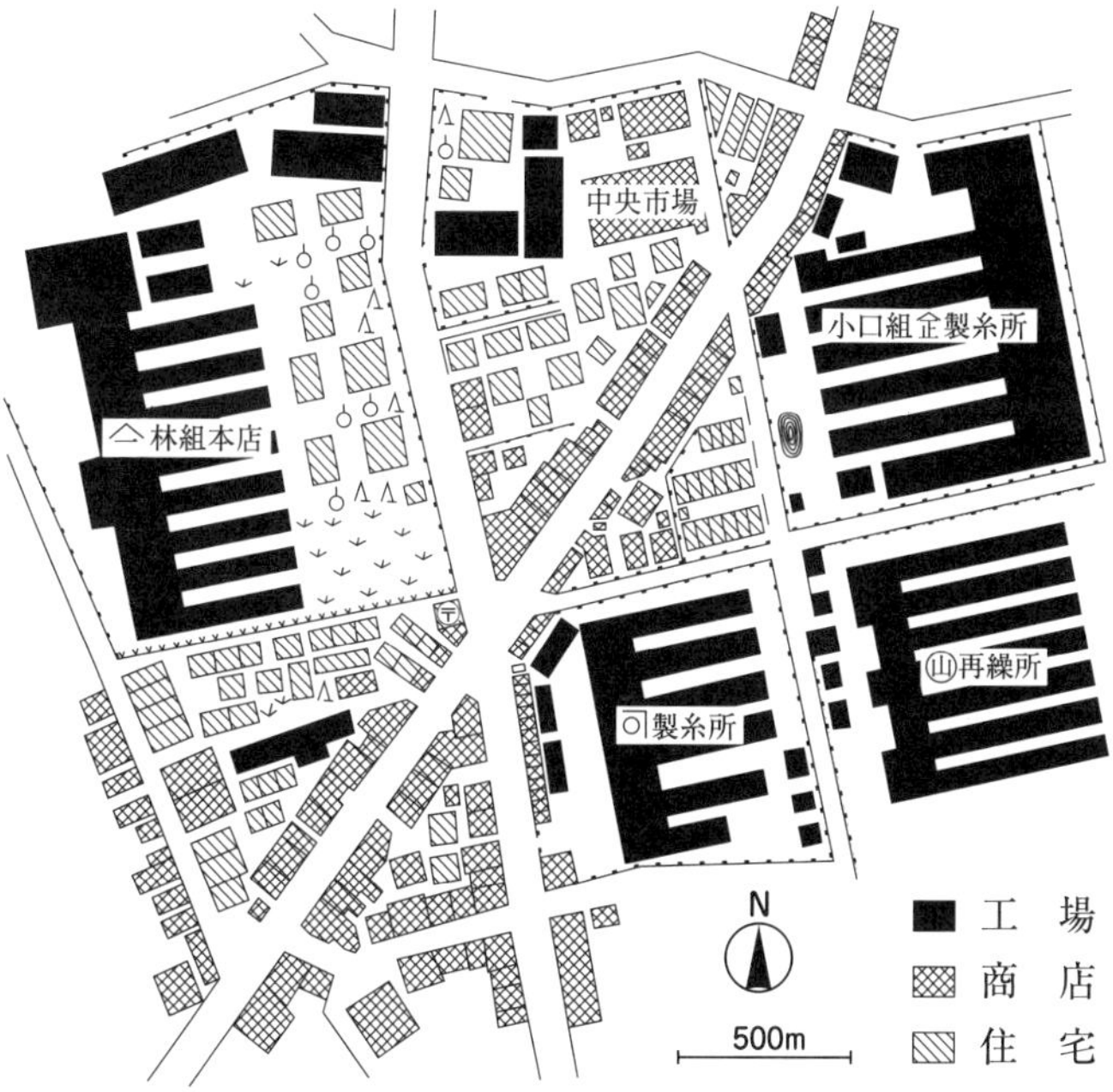

資料：三澤勝衛「平野村の地誌」（『平野村誌・上巻』1932年）、20頁の図を加筆修正作図。

りに面しては小売商店が軒を列ねた。

(4) 製糸業都市から機械工業都市へ

一九二〇年代まで順調な発達を遂げた機械製糸工業は昭和恐慌の時期を境に危機に直面する。一九三〇年に一〇四を数えた機械製糸工場数は三六年に九四、四五年に八にまで減少した。これは岡谷市や諏訪地域のみならず、養蚕と製糸に依存してきた長野県、日本の農村経済全体に共通する課題であった。長野県は一九三七年に地方工業化委員会を組織し、三九年頃から誘致活動を本格化させた。以後、戦局の悪化とともに工場疎開という形に転化するが、長野県製造業の今日に与えた影響は大きい。

岡谷市においては、三九年に沖電線、四〇年に帝国ピストンリングが進出し、いち早く軍需工業の誘致に成功した。さらに、四二年に東京発動機および近藤製作所、四三年に、東京芝浦電気、高千穂光学工業（現・オリンパス光学工業）、四五年に東京光学機械（現・トプコン）・品川機械・北辰電機などがこの時期に進出した。注目したいのは、これらの進出企業のうち、帝国ピストンリングを除けば、全てが旧製糸工場の建物を利用したものであったことである。

終戦後、過半の疎開工場は引き上げるが、市当局は直ちに新たな企業誘致に動きだし、遊休工場の先買を進める一方で、五二年には工場誘致条例を制定している。岡谷の機械工業の発生を考える上で、製糸工場の建造物の存在、また資本の存在は無視できない要素である(4)。今日の岡谷市の工業配置の骨格は製糸工業の時代に形作られたものである。

二　現代における工業生産と都市構造

(1)　岡谷市における工場分布

現在における工場分布をみておきたい。まず、従業者からみた分布を図2—4に示した。従業者の多さは、言うまでもなく相対的に従業者規模の大きい工場の存在を反映しているのであるから、大規模工場の分布と置き換えてもよい。本図によると、まず、都心（中央町一・二丁目付近）を中心に半径五〇〇〜八〇〇ｍの範囲でのリング状の集積が認められる。山下町二丁目、塚間町二丁目、田中町二丁目、

図２—４　岡谷市における製造業従業者数の町丁・字別分布（1998年）

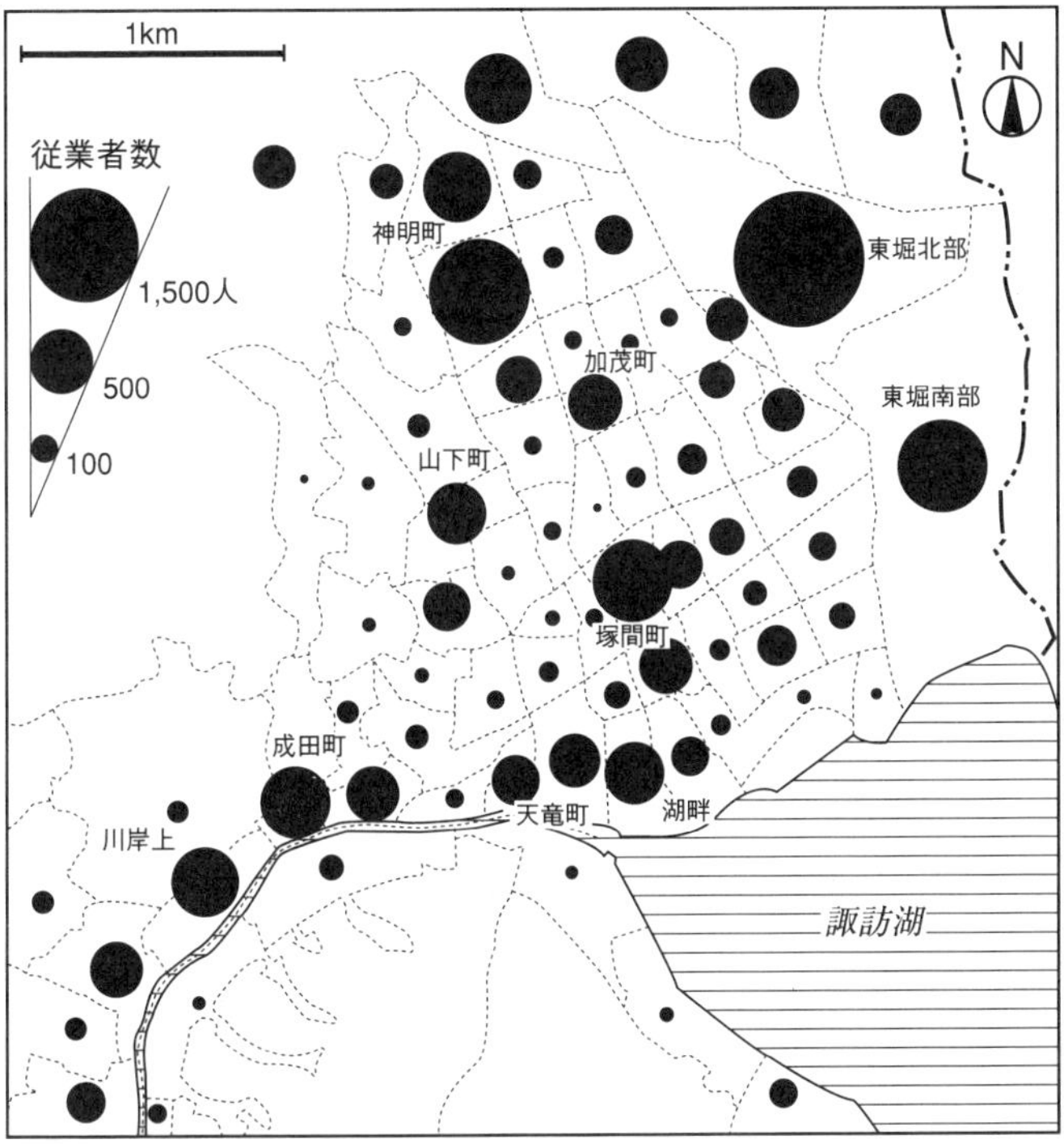

注：長地地区字東堀については、地番より北部と南部に便宜上区分した。
資料：『岡谷市工場名鑑1999』より作成。

湖畔、天竜町、御倉町などがこれにあたる。その集積は川岸地区へも伸びており、三澤勝衛が指摘した「工場圏」は今日なお歴然として存在しているといってよい。これらのほか、帝国ピストンリングの位置する神明町、京セラや沖電線、岡谷オリンパスの立地する東堀地区で工業従業者が多い。

全体としてみると、都心周辺部や川岸地区などでの旧来から工業集積をある程度維持しつつ、旧市街地よりも外側の地区、とりわけ、国道二〇号線に沿線などで戦後の工業発展が著しかったことがわかる。もっとも、工場数の町丁別分布をみると（図2—5）、市街地のほぼ全域にわたって、工場が分布していることがわかる。右で述べた都心周辺リングおよび川岸地区のほか、工場分布密度の高い地域をあえて指摘するならば次のようになる。すなわち、単位地域面積に対して工場数の多いのは、第一には県道下諏訪・辰野線に沿って、東銀座一丁目を中心とする地帯、第二には旧長地村の山麓線に位置する横川地区・中村地区である。これらの地域は、住宅地域の中に小零細工場が点在する典型的な住工混在地域の様相をみせている。

(2) 納屋工場地帯から住工混在市街地へ

すでにみたように岡谷市は諏訪地域において最も小零細工場の集積する地域である。小零細工場の経営者の出自はさまざまであるが、多くの場合、自宅の土間や納屋・畜舎、ガレージにわずかな生産設備に設置して創業する場合が多かった。もっともこれは岡谷地域に限ったことではなく、大都市内を含めわが国の製造業の集積地に共通してみられる創業時の形態である。こんにち、大企業や中堅企業に成長している企業にさえ、このような形態で細々と操業していたという例は少なくない。

図２―５　岡谷市における製造業事業所数の町丁・字別分布（1998年）

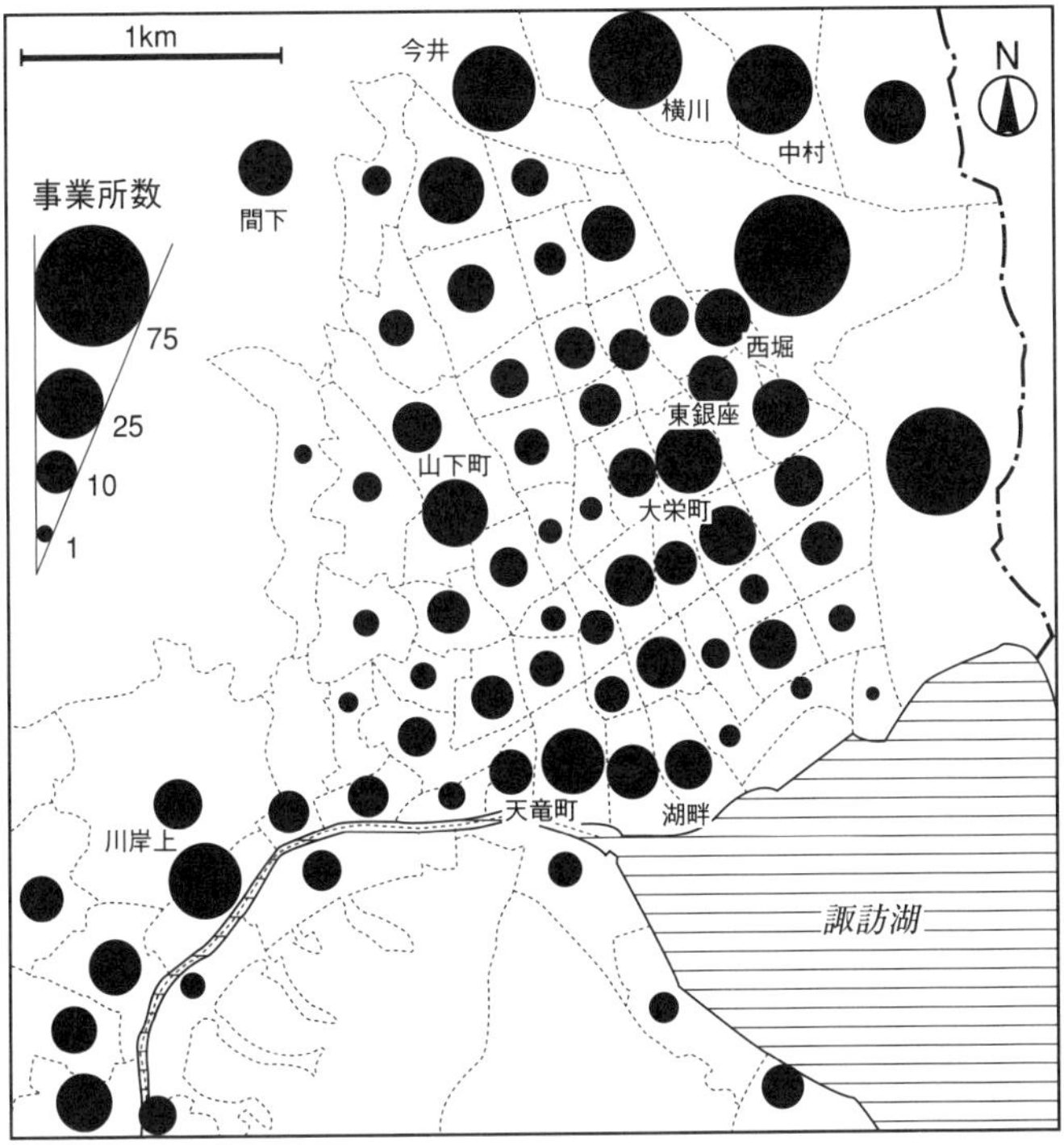

注：図２―４に同じ。
資料：図２―４に同じ。

岡谷の「納屋工場」

日本の高度経済成長期において自宅内に最小限の設備を設置して操業を開始した工場群のことを、農村においては「納屋工場」と呼んでいた。岡谷市の機械工業地域としての発展史においても納屋工場の果たした役割を無視できない。江波戸昭氏らは納屋工場に対し、「少なくとも創業時において農業とのかかわりをもっており、小土地所有とそれによる飯米自給を基盤に既成の納屋や畜舎を改造し、家族労働力に若干の周辺の中高年齢層労働者を加えて、特定の親企業と結びついた下請加工を行う農家の自営兼業零細工場」といった定義を与えた。そのうえで氏らは同市長地地区、とくにそのうちの東堀区において納屋工場の実態調査を行い、その成果を一九七五年に公表している(5)。

岡谷市長地地区は、一九五七年に岡谷市と合併するまでの旧長地村の村域であり、東堀・横川・中村・中屋の四区(小字)から構成されている。その中心集落は、中山道と三州街道の分岐点をなす交通の要衝であり、近世には綿引業、近代に入っても機械製糸業の萌芽をみるが、その後は岡谷と下諏訪の間に位置し、純農村的な性格を長い間保持していた。

江波戸氏らの報告に基づけば、長地地区の一九五三年の工場数は一六であり、それが高度成長期を経て、六九年の九〇、七二年の一四八までに増加した。七二年の時点で一四八工場のうちの五六工場が納屋工場、すなわち農家の自営兼業と判断できるものであった。納屋工場の経営主は、多くの場合、同系の業種の工場に勤務歴を有する兼業農家の世帯主であった。農家の世帯主であるゆえに土地と家屋とある程度の自給食糧を有し、このことが、比較的若い年齢での独立創業を容易にした。同時に、同一世帯員もしくは親戚を受注量に応じて柔軟に雇用することによって、比較的安定した経営を維持することができた。

納屋工場は一見「農工両全」を意味するかのようであるが、実態はそうではなかった。農家世帯員のほとんどを工場労働に組み込むということは、「三ちゃん農業」さえも困難にするということであり、耕作放棄を招いていった。また、設備投資のリスク回避は所有農地の売却もしくは賃貸に向けられた。その傾向は七〇年代にすでに顕在化していたが、八〇年代になると離農および農地転用がいっそうの進展をみた。

住工混在の形成

現在の長地地区の状況を中村集落を事例にみてみたい。中村集落は、長地地区の北部山麓、国道二〇号線よりも北側に位置する地区である。

中村集落の主要指標をみると（表2―1）、一九八〇年代に農地転用および離農が著しく進んだことがわかる。とりわけ、八〇年代前半には、第二種兼業農家率の増大を伴った経営耕地面積の大幅な縮小が認められた。続いて八〇年代後半においては総農家数の急減を招いた。七〇年と九五を比較すると、農家人口および経営耕地面積が四半世紀間にそれぞれ五一％、六〇％もの減少をみたことになる。

中村集落の現在の土地利用と工場分布を図2―6に示した。わずかな篤農家による花卉の施設園芸を数ヵ所で見いだせる他は、現地の景観を一見しただけでは農業集落であることを認識することする困難な位に市街地化が進行してしまっている。一方、工場は実に高密度に分布している。[6] 住居併用工場が多

表2—1　中村集落における農業経営の推移

年次	総農家数	専兼別農家率（%）			農家人口	経営耕地面積(ha)
		専業	第一種兼業	第二種兼業		
1970	59	6.8	15.2	78.0	276	2,900
1975	54	11.1	14.8	74.1	239	2,692
1980	54	5.5	20.4	74.1	229	2,738
1985	49	8.2	8.2	83.6	200	1,521
1990	38	15.8	7.9	76.3	165	1,349
1995	34	14.7	0.0	85.3	136	1,155

資料：農業センサス農業集落カード。

く、その中には明らかに納屋、畜舎もしくは鶏舎を改造したとみられる納屋工場が今日なお数カ所で認められる。ただし、すでに離農した世帯が多いため、自営兼業による納屋工場は二件程度と推測される。また、比較的建築年代の新しい非農家世帯であっても敷地内にプレハブを設置して製造業を営んでいる例が少なからず認められる。また、農家から分家した子供世帯が住居併用工場を構える場合も多い。もっとも一口に住居併用工場とはいっても、納屋工場・ガレージ工場の形態のものから、一階部分が工場で二階が住居、工場が主でその脇に住宅のあるものなど多くの種類を見いだせる。専用工場も少なくない。

農業集落の果たした役割

岡谷市の工場数は一九九一年に一一五五とピークを迎えた。この値は七二年の一〇八九と大きく変わるものではないが、小零細工場というのは毎年一定工場数の廃業を伴っているものである。九〇年代頭まで工場数が安定して維持されてきたということは、廃業数を相殺するだけの新規創業がなされていたと理解できる。東京大田区のような大都市内部の工業集積地では八〇年代初頭をピークに工場数は激減の時期を迎えたが、岡谷市の場合、少なくとも九〇年代初頭までは新規創

図２―６　岡谷市長地地区中村集落付近の土地利用（1999年８月）

注：「工場・作業所」には製造業以外の作業所も含む。
資料：現地調査より作成。

業が維持されてきた。

中村集落の住工混在地域化が顕著に進行した八〇年代というのは、一般に中小零細規模の機械工場にNC工作機の普及がもたらされた時期である。中村集落をはじめとするような既存市街地外縁部の村落は、高度経済成長期においては納屋工場という形での新規創業を支えた。さらにME化時代においては、景観的に周辺市街地への変貌を遂げて行く中で、同時期における新規創業および再立地の受け皿になっていたと理解できる。

岡谷工業の過去を振り返ってみても、農業集落が製造業の起業が果たした役割は大きい。既述したように近世の座繰製糸や綿引業も農村の副業から始まったものである。そして、大正期には大手製糸業が大規模生産に馴染まない規格外の繭を「出釜」もしくは「賃挽」という形で農村の家内労働に依存した生産を行っていた。稲作に不向きでしかも狭小な経営耕地しか得られなかったという不利な農業条件が、むしろ製造業の起業を促すという構図が繰り返されてきたのである。しかしながら、岡谷市の平坦地のほぼ全域を市街地が覆おうとしている現在、農家世帯内における独立創業予備軍は再生産されなくなっているであろうし、非農家世帯員にとっても創業の受け皿となる土地・建物が今後とも継続して供給される確証は得られない。

長地地区北部の立地環境は今後の数年間で急変していく可能性がある。中山峠方面から下諏訪を経由せずに岡谷に短絡する国道一四二号線の湖北トンネルが中村集落の東側に通じる。また、国道二〇号線の岡谷バイパスが中村集落の北側の山麓線を東西方向に通過し、国道一四二号線バイパスと交差する予定である。その建設にあわせて、中村集落東側で長地山の手山手土地区画整理事業（一七・七ヘクタール）が進められている。

(3) 旧製糸工場街の再開発

いままで述べてきた住工混在地域は、岡谷工業のＭＥ化時代に既存市街地外延部に形成されてたものであるが、岡谷市にはもっと長い歴史を持つ住工混在地域もしくは工業的土地利用に特化する地域が広がっている。それは製糸工業の全盛時代に端を発する諸地域である。

川岸地区の「ミニ工業団地」

ここではまず、天竜川に沿った狭隘な谷間に位置する川岸地区の事例を検討したい。(7) 岡谷市に合併以前の旧川岸村の三沢集落（現在の川岸上）は、片倉家発祥の地であり、明治末には大規模な製糸工場が立ち並ぶ一帯となった。川岸地区の土地利用は有為転変をたどる。

戦前期の三沢集落に片倉製糸の三工場、大和組の二工場はじめ九の大規模製糸工場が存在した。片倉兼太郎は、一八七三（明治六年）に生家の屋敷地内で座繰製糸を始める。やがて一八七八（明治一一）年には機械製糸場を建設し、垣外製糸場と命名した。その後、三全社を発足するが、これが当時三六〇釜を有した日本最大の製糸工場で、後の片倉㊀工場である。昭和恐慌後、第二次世界大戦期にかけて、多くの製糸工場は廃業もしくは軍需工場に転換を遂げていった。㊀工場とその北側にあった大和組工場・㋣工場は、東京芝浦電機に強制収用され航空機部品工場に転換、片倉㊁工場は諏訪航空岡谷工場に転換した。

戦後になって東芝工場は労働争議の激しさから撤退を余儀無くされるが、その跡地に養命酒製造が立地、また旧㋣工場跡は、クラウン光機を経て日本電熱の工場となった。かつての垣外製糸場は片倉合名会社の本部を経て片倉系の中央印刷に、大和組工場は東芝も関与した大和製作所になった。

他は敷地の細分の上、住宅地となっていった区画が多いが、本地区は現在なお、工場街としての雰囲気を醸し出している。養命酒は近年になって倉庫部門を残して撤退するが、その跡地は、市民グランドおよび石原工業団地に再開発された。日本電熱の安曇地区へ生産移管した跡はツルミネ工業団地になった。岡谷航空の跡地は、エグロ等の中堅企業群によって利用されている。最盛期からみれば工業的土地利用の過半は失われ、また敷地の細分化は進行しているものの、旧工場跡地が他の土地利用に転用される先手を打って小規模ながらも工業団地としての再開発を行ったことは注目に値する施策である。

都心再開発の進展

一方、岡谷市の中心部の製糸工場街は、近年、都市再開発事業が竣工したばかりである。図2―7は、図2―3と同じ範囲の土地利用を示したものである。以下、両図を比較対象しながらその変化をみてみたい。岡谷の有力な製糸会社の一つ㊄林組は、戦後になると信栄製糸として生産を継続した。一九六〇年代前半には機械部品に生産を切り替えたがその後工場を閉鎖、跡地は現在に至るまで隣接するカネジョウの駐車場として利用されている。㊎製糸所跡は、細分化の上、住宅や小工場に、小口組の再繰所の跡は味噌工場になった。残る〇製糸所跡は八〇年代半ばまで建物がそのまま放置されていたが、その後市街地再開発事業の対象地になった。

図２―７　現在の中央町１・２丁目付近

資料：平成10年修正2,500分の１都市計画図を一部改変。

九七年に完了した「中央町A地区第一種市街地開発事業（一・九ヘクタール）」は、中央通りを分断・迂回させることによって、スーパーブロックを創み出し、そこに大規模小売店鋪（おかや東急百貨店）を誘致することを目玉としたものである。旧○製糸所後は、地元出身の武井武雄氏の作品を集めたエルフ童画館およびボーリング場と立体駐車場を併設した複合施設（アミューズメント棟）となった。あわせて、本地区と岡谷駅前を結ぶ中央通りは店鋪のセットバックを図った上で、歩道を広くとるとともに意匠をこらした快適な商業空間に変身を遂げた。

岡谷市の商業中心地としての地位の低下が危ぶまれていただけに、再開発への期待は大きかった。同再開発の成否はここでの検討課題ではないが、中心商店街がしっかりしているということは、市の中心をなすシンボルとして、地域アイデンティティの形成にも関わってこよう。かつての中央通商店街は製糸工場の工女たちで賑わったという。わが国の中小都市において中心市街地の再活性化が取り沙汰されて久しいが、それは商店街の基盤強化だけではなしえず、中心市街地にいかに生産を呼び戻すか、それをもとにいかに定住人口を呼び戻すかにかかっているように筆者には思える。岡谷市の場合、後述するような用途地域設定の甲斐もあって、幸いにも中心市街地内で工場生産が維持されてきており、その灯を次代に受け継いでいく必要がある。

三　岡谷工業集積の今後と立地環境

(1)　工業集積の維持と都市計画の役割

図2―8は岡谷市の用途地域指定および工業関係諸施設の分布を示したものである。岡谷市街地の一五〇五ヘクタールの範囲で用途地域が定められており（都市計画公園を除く）、その内訳は商業系六四ヘクタール、住居系九三五ヘクタール、工業系五〇六ヘクタール（うち準工業地域四二九ヘクタール）である。工業系用途地域の面積割合は三四%とそれほど高くないが、臨海コンビナートもなければ大規模工業団地もない地方中小都市において五〇〇ヘクタールを超える工業系用途地域が指定されているの

図2―8　用途地域指定の概況と工業団地等の分布

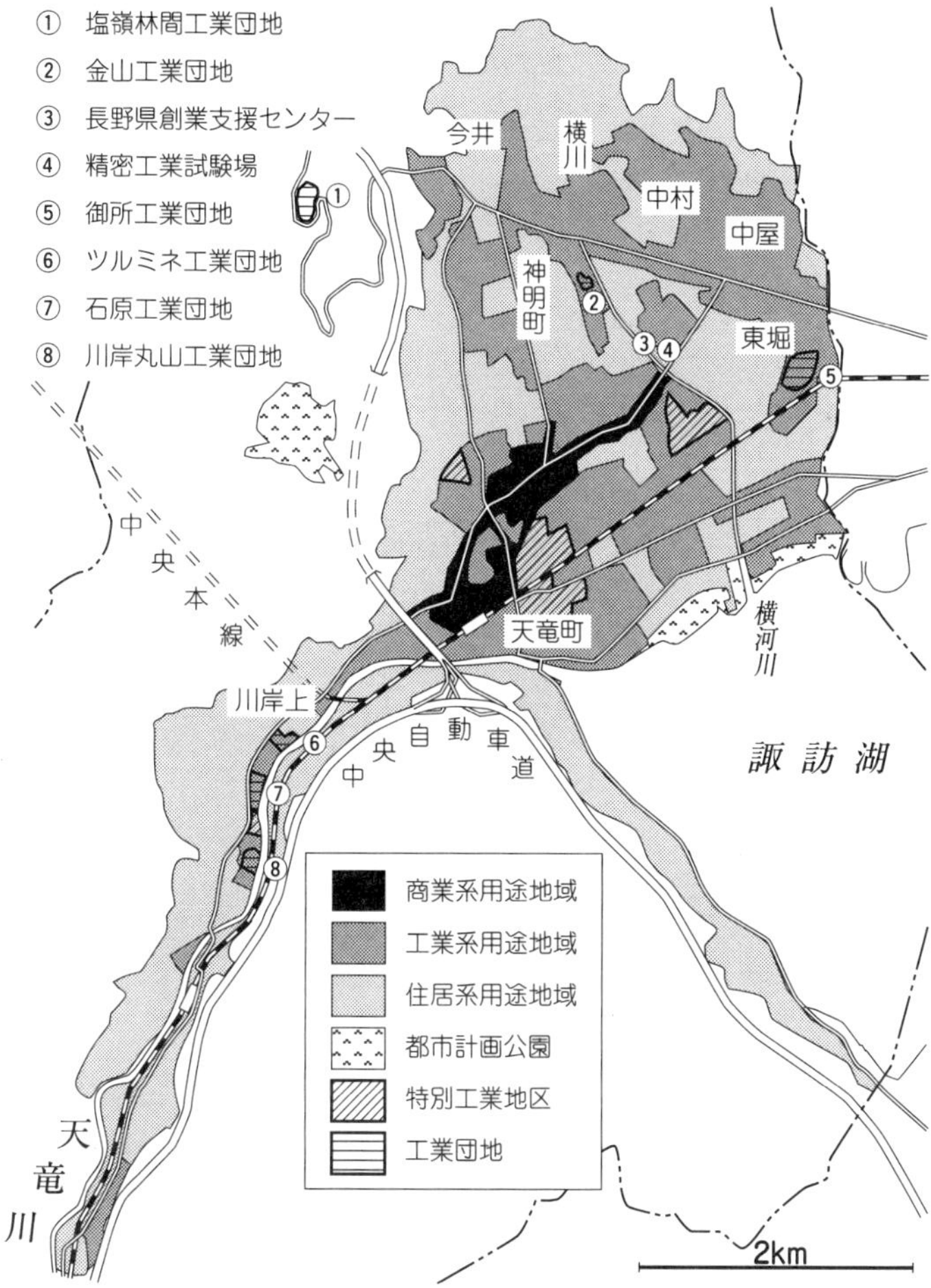

注：「岡谷都市計画図」より作成。

は異例であろう。日本の多くの工業集積都市において、住と工の分離を都市計画上のスローガンに掲げ、勢い小零細企業の存立状況を無視したゾーニングに走った例は少なくない。その中にあって、岡谷市のゾーニングは中小企業都市の実態を踏まえたものとして高く評価できる。先述した都心外周部の「工業圏」が維持されてきたというのも、かかる姿勢が反映したものに他ならないであろう。

しかしながら、岡谷において工業用地をめぐる問題がないわけでない。多くの工業集積地でそうであるように、工場の規模拡大のために十分な用地を確保できないという事態が一九八〇年代から顕在化している。とくに中央自動車道の開通（一九八一年）によって立地のフットルース性が高まった。岡谷市の場合、八一年にオリンパス光学工業が辰野町に生産拠点を移転させたのがはじまりである。諏訪地域に絶大な影響力を有してきたセイコーエプソンも塩尻市・松本市などに立地を展開させており、こうした大規模層の立地の広域化がそれとの連関を有する中小規模層の立地の拡散傾向に拍車をかけている。その範囲は、茅野方面のような諏訪地域のみならず、松本盆地や伊那谷にも及んでいる。

もちろん、量産製品の生産の立地分散はある程度までは免れない。工業用地の広さ、地価、労働力の供給と賃金水準などどれをとっても、大量生産に魅力的な要素は失われている。重要なことは、製品のライフサイクルから考えて、量産に達しない萌芽期にある製品の開発と生産、もしくはもとより量産に馴染まない種類の生産にとって魅力ある立地環境をいかに維持して行くかというところにある。オリンパス光学は、辰野への移転の後に、岡谷オリンパスを発足させ、当時萌芽期にあった光磁気ディスクドライブの生産をそこで開始した。この例が示すように、ある製品の生産が域外移管された後に、新たな製品の生産を誘引する「何か」が必要である。

さしあたり、何かというのは工業集積の機能の広がりと厚みといっても良い。すなわち、岡谷で可能な加工のレパートリーを極力増やして行くしかない。アジアの一部の国では、それまで自国に欠けていた製品の生産、もしくは加工を先駆けて行なう企業に対して手厚い優遇処置を賦与している。それを「パイオニア・ステータス」と呼んでいるが、地域産業集積活性化という法的な後ろ楯が整備された今日、パイオニア的な起業を支援するための施策が積極的に実践されてもよい。そうした起業家が多く集うことによって、相乗的に立地環境は向上しよう。そのためにはやはり事業の場を確保するハード的な基盤整備、すなわち生産・加工のための用地・建物の供給が必要不可欠ではある。

(2) 工業空間の供給戦略

これまでにも岡谷市内の五カ所で工業団地の整備が行われてきた。それぞれの工業団地の規模は一～二ヘクタール程度、合計してもわずか六ヘクタールであり、諏訪市や茅野市で一〇～二〇ヘクタールの面積を有する複数の工業団地が整備されたことからすれば対照的である。しかし岡谷市の場合、既述してきたように製糸工場の跡地利用、また扇状地農村からの用地供給という形で、大規模な工業団地を整備しなくとも、工業用地が比較的安価に供給されてきた。むしろ、工業団地のようなしっかりとした基盤整備は逆に工業用地の面積単価を高める結果になったであろう。今後とも、一定以上の規模の工業団地を整備するための土地を確保しようとしても岡谷市の置かれた地勢を考えれば、事実上困難である。(8)仮に可能であったとしても面積単価の面で同様の問題が予想される。もちろん、工場跡地等での小規模な工業団地の整備に関しては既に述べたような意義がある。より重要なことは、そのような工業団地に入居するような規模に達する以前の小規模層にとっての受け皿となるような用地・建物の確保である。九七年に完成した長野県創業支援センターはインキュベート（孵卵）施設として重要なものであり、今後もこれに準じた施設の増設が望まれる。さらには、企業としての孵卵段階を無事通過した企業群に安価な貸工場群が供給されなければならない。

これらの点に関しては、『岡谷市工業活性化計画推進事業報告書―第二ステージに向けて―』において、「工業系空間の整序・維持・創出プログラム」として具体策が論じられている。同活性化計画の詳細については本書終章を参照されたいが、当初の計画では「新工業インフラ整備」という程度の扱いであったものが、より総合的な工業空間の供給戦略へと発展している。同プログラムは、企業の成長ステージを「創成段階（ホップ）」「拡大段階（ステップ）」「拠点形成段階（ジャンプ）」と段階区分し、それぞれの段階に応じて「インキュベータ」「賃貸工場」「集積ミニ工業団地」へと立地展開するプログラムを提起している。[9]

これらのうち創成段階の「インキュベータ」とは、公的施設のみならず、市街地内の遊休工場や既存工場のうち遊休となっているスペースの借上げまでを含んでいる。また、以後の段階では、単なる貸工場の賃貸や工業団地区画の分譲だけではなく、市営工業団地の賃貸や定期借地権工場用地の供給など新たな提案を行っている。

こうした施策の案として、筆者なりの若干の見解を加えるとすれば、企業成長の空間的展開過程についてである。同報告書では、市街地で揺籃した企業や次第に周辺部に移転拡大するシナリオを前提に置いているが、実際の展開はそうでもなかった。本章でみてきたように周辺市街地ほど新規創業のためのポテンシャルを有してきたのであり、その実態を見据えた上で市街地整備を進める必要がある。逆に中心市街地の既存工業用地がもし遊休化しても極力細分化せず、「集積ミニ工業団地」などとして一定規模での工業的利用を死守していくべきである。

(3) 岡谷の立地環境の可能性

以上、時間軸に沿って、都市の形成と構造、工業用地供給の問題を中心に岡谷市の工業立地環境を検討してきたが、他にも地理学的視点から言及すべき事柄は残されている。

岡谷の横河川の扇状地上の住工混在地域からは諏訪湖の水面を垣間見ることができる。それは、サードイタリーの中小企業集積地域の一つ、コモ湖沿岸を彷彿させる瞬間である。日本にも数多い中小企業集積地の中でもこれほど魅力的な風景の町はなかなか見当たらない。そして、市内には近代の産業文化財が点在しており、産業風土を演出するに十二分の景観を岡谷は有している。コモはイタリア核心部とスイス・ドイツを結ぶ要衝に位置し、コンバーターと呼ばれる事業者が活躍して中小企業のネットワークを媒介している。岡谷を「東洋のスイス」ならぬ「日本のコモ」になぞらえる時、都市景観ということに加えて、次のような検討課題が提起できるであろう。

第一には、岡谷工業集積の内的な構造の問題、すなわち、これまで、どちらかといえば大手工場の下請工場的な色合いの濃かったタテ方向の連関構造にいかにヨコ方向の連関を付加して、密なネットワーク形成を導くかという問題である(10)。今、必要なのは、岡谷の近代製糸業を発展に導いた「結社」の思想であるのかも知れない。第二は、工業集積の広域連携の問題である。岡谷を工業地域に発展させた一つの要件は東西・南北方向の交通の要衝に位置したことであった。現在岡谷工業の域外連関は中央道・長野道を軸に東西方向に組立られているが、かつて「塩がたどった道」を南下して、西遠（浜松）・東三河（豊橋）・西三河（豊田）、あるいは北上して千曲川沿岸の工業集積との連携を強化するという方向性がないわけではない。このあたりのことについては後章に委ねることにしたい。

（1）三澤勝衛「諏訪製糸業発達の地理的意義」『地理学評論』第二巻、一九二六年、による。
（2）「結社」については、八木明夫『岡谷の製糸業』日本経済評論社、一九八〇年、八〇〜八三頁。
（3）三澤は一八八五（明治一八）年に現在の長野市に出生、高等小学校卒業後、県内各地の小学校教諭等を経て、一九二〇年に諏訪中学校に着任、同校勤務時に、諏訪地域に関する地理学的研究を進めた。前掲（1）「諏訪製糸業発達の地理的意義」はその代表的なものであり、近代製糸業地域の形成を地理的条件との関係で描きだした傑出した論文である。一九三二年には、『平野村誌』（長野県諏訪郡平野村役場刊）において「平野村の地理」（上巻一〜三五頁）を分担執筆しており、これに当時の岡谷の都市景観が描かれている。
（4）こうした見解については、大迫輝通『蚕糸業地域の比較研究』古今書院、一九八三年、一八〇〜一八三頁、同『日本の製糸都市』古今書院、一九八七年、一〇八〜一一〇頁、小林寛義『長野県の地誌』信濃教育会出版部、一九八五年、二二三〜二三五頁、等を参照。
（5）江波戸昭・赤坂暢穂・樋口兼久「『納屋工場』成立と変貌―岡谷市長地地区の場合―」『駿台史学』三六号、一九七五年、三二〜一〇二頁。
（6）図2―6に示した工場のうち三九の機械金属関係の工場が『岡谷市工場名鑑一九九九年版』に掲載されている。その内訳を従業者規模別にみると三人以下の極零細層が二〇と過半を占めている。四〜九人の層が一〇、一〇人以上の工場が九である。また、業態による内訳は、切削一六、プレス七の順である。プレス加工業のうち三は金型も内製している。この他、組立・タップ・治工具が各三である。両指標をクロスさせると切削加工業の三人以下の層が九が最も多く、同四～九人がそれに次いでいる。

(7) 川岸地区の製糸工業の研究としては、日本資本主義発達史の脈絡の上で詳細な実態研究を行なった江波戸昭『蚕糸業地域の経済地理学的研究』古今書院、一九六九年、四五～一七〇頁、がある。

(8) その具体策は、塩嶺林間工業団地および創業支援センターの建設であった。

(9) 高速道岡谷ジャンクション南側の傾斜地において、「岡谷新都市開発整備事業(三三・四ヘクタール)」の構想があることを付記しておきたい。同事業は、地域公団が事業主体となるもので、研究開発施設を核とした新市街地の造成が計画されている。

(10) 諏訪・岡谷地域における中小企業相互間のネットワークに関する経済地理学的研究としては、山本健兒・松橋公治「中小企業集積地域におけるネットワーク形成―諏訪・岡谷地域の事例―」『経済志林』六六巻三・四号、一九九九年、八五～一八二頁、および同「中小企業集積地域におけるイノベーションと学習――長野県岡谷市NIOMメンバーの事例――」『経済史林』六八巻一号、二〇〇〇年、二六九～三二二頁、が有益である。

[付記] 本稿には一九九九年度筑波大学学内プロジェクト研究「諏訪・岡谷地域における工業立地環境の変容」を使用した。

第三章　岡谷の位置的ポテンシャル

岡谷市は、長野県のほぼ中央、山懐に抱かれた諏訪湖のほとりに位置する。東京からは約二百キロ、県庁所在都市である長野市からは約八五キロの距離にある。岡谷市の市域は、諏訪湖の西岸に広がっており、東西約七キロ、南北約一七キロと南北に長い。面積は約八十五平方キロメートルであり、長野県内の市町村としては小さい部類に属する。岡谷市は、北から時計回りに、松本市、下諏訪町、そして諏訪湖を挟んで諏訪市、辰野町、塩尻市と接している。このうち、諏訪湖に面して位置する岡谷市、諏訪市、下諏訪町、八ヶ岳山麓に広がる茅野市、富士見町、原村を加えた三市二町一村が「諏訪のたいら」と呼ばれ、諏訪・岡谷地域（諏訪地方）として一つの経済圏を形成している。それらの中で岡谷は古くより、諏訪・岡谷地域の中心都市としての役割を担ってきた。一九九五年の国勢調査によると、岡谷市の人口は五万八〇五六人であり、八〇年を境に僅かずつ減少する傾向にある。諏訪市、茅野市との人口規模の差が縮まりつつあるものの、依然として諏訪・岡谷地域で最大の都市である。

地形的には、諏訪湖を中心とする諏訪盆地の一画にあり、松本市との境界上にある鉢伏山（一九二八メートル）、塩尻市との境界となっている高ボッチ山（一六六五メートル）など、高い峰に囲まれている。このため、他都市との距離や交通の条件から考える以上に、隔絶された感じの強い土地がらである。また、それが岡谷の工業の風土の形成に影響を与えてきたとも言われている。

明治期の殖産興業政策による製糸業の立地から始まった岡谷の工業は、昭和初期には「シルクの都岡谷」として世界に知られるまでとなった。しかし、世界恐慌を契機に製糸業は後退が進み、また第二次世界大戦中に軍需産業の疎開工場が立地したこともあり、戦後は時計、カメラを中心とする精密機械工業の集積地へと転換したのである。「東洋のスイス」と呼ばれるまでの発展をみた岡谷の精密機械工業であったが、主力製品であった時計、カメラ等の成熟化に伴う生産の海外移管などにより、ここ十数年辛い停滞期を経験してきた。しかし、この間に、エレクトロニクス技術の獲得によるメカトロニクスへの発展やアジアへ雄飛する中小企業の出現などがあった。発展とその後の停滞という波を二度にわたり経験してきた岡谷は、より多様性に富んだ工業集積地へと三度目の転換を果たそうとしている。

そうした点に注目しつつ、本章では、岡谷をめぐる立地ポテンシャルが工業の集積、発展にどのような影響を与えてきたのか、あるいは新たなステージへと進みつつある岡谷工業にどのような影響、可能性を与えるのかを考えていく。また、地理的な立地条件の問題のみならず、機械金属を中心としつつ多様な分野への拡がりを見せる工業集積、さらに平地が諏訪湖畔に限られるという地形的な制約、諏訪・岡谷地域における連携の可能性などについても併せてみていくこととする。

一　岡谷工業の立地上の評価

岡谷は、長野県のほぼ中央にあり、それは同時に、日本のほぼ中央に位置することを意味する。また、中央自動車道やJR中央本線に沿って岡谷市の位置をみると、東京と名古屋のほぼ中間にある。このように、岡谷の位置は中央、中間という言葉で説明されることが多く、その位置的ポテンシャルには興味深い点が多い。

しかし、政治、文化、経済・産業などのあらゆる面で日本の中心としての役割を担ってきた太平洋岸の地域、古い表現を用いれば「太平洋ベルト地帯」「東海道メガロポリス」から遠く離れた内陸に位置しており、優れた立地とは言い難い。また、東京から約二〇〇キロ、名古屋から約一八〇キロとかなりの距離がある上、中央自動車道が開通するまでは広域高速交通の手段にも恵まれず、交通の利便性も低かった。加えて、周囲を山に囲まれた地形は、実際の立地条件以上に、隔絶された土地であるとのイメージを生み、ある種の「閉塞感」を抱かせてもきた。近年、高速道路網の整備が進み交通の利便性が向上するのに伴って、「閉塞感」は薄らぎつつあると思われる。一方で、長い間抱かれ続けてきた、この「閉塞感」が反発のエネルギーとなって「独立志向」「進出の気風」を育み、岡谷の工業の風土を形づくってきたのも事実である。

こういった一見不利な立地条件が、岡谷の工業の集積、発展にどのような影響を与えてきたのか、また近年の広域高速交通体系の整備による位置的ポテンシャルの変化は、今後の岡谷工業にどのような可能性を与えていくのかをみていくこととする。

(1) 工業集積の形成と位置的ポテンシャルの影響

諏訪・岡谷地域における精密機械工業の集積は、戦時中の軍需工場の疎開にその契機を求めることができる。製糸機械のメンテナンスなどを通じた機械金属に関する技術の蓄積をベースに、勤勉で進取の気風に富んだ人材、乾燥した気候や清澄な空気といった良好な環境にも恵まれ、戦争が終結してもいくつかの疎開工場は岡谷を去らず、この地に精密機械工業の一大集積地を形成する礎となったのである。

岡谷に精密機械工業が大きく集積した要因のひとつに、その位置的なポテンシャルをあげることができる。精密機械は、小さく軽い上に付加価値が高いため、製造原価に占める輸送コストの比率が小さい。このため、多少の遠隔地であっても、他に優れた立地条件を有していれば、工場を立地させることが可能であるという特質を持つ。工場の立地を検討する際には、製品輸送に要する費用よりも、輸送に要する時間がより重視されたのであろう。当時、岡谷で生産された精密機械の多くが輸出されており、主な輸出積み出し港である東京、横浜へ一晩でトラック輸送できる距離にあることの意味は大きかったのである。(1)

ピラミッド型の工業集積

岡谷を含む諏訪・岡谷地域は、地方都市としては日本でも有数の機械金属工業の集積地として知られる。この工業集積は精密機械工業の発展過程を通じ、「独立志向」が強く、「進取の気風」に富んだ人々が次々に創業することにより築かれたものである。また、有力な幾つかの大手メーカーを頂点に、その下に一次下請けの役割を果たす中堅企業が連なり、さらに多数の中小零細な企業が基盤を支えるピラミッド型の構造を持っており、「企業城下町」的な性格の強いものであった。

このピラミッド型の構造のどこに位置する企業であるかによって、位置的ポテンシャルから与えられる影響は異なっている。特に、精密機械工業の発展期においては、その傾向が顕著であった。すなわち、ピラミッドの頂点にある有力な大手メーカー、あるいは独自の製品を持つ中堅企業にとっては、岡谷の位置的ポテンシャルはなんら問題のないものであった。精密機械が輸送コスト負担力の高い製品であり、岡谷は製品出荷などに要する時間距離的にみて満足できる位置にあったこと、加えて中央自動車道の開通などにより交通利便性が徐々に向上したことも重要であろう。

一方、ピラミッド構造の中位、あるいは底辺にある中堅、中小企業にとっては、岡谷の不利な立地条件が壁となって立ちはだかり、ピラミッド構造内での位置を上昇させたり、あるいはピラミッド構造から出る意欲を削いできた。また、ピラミッド構造内に留まっていても十分な仕事を確保できるうちは、諏訪盆地を囲む山を越えて外の世界に飛び出す必要すら感じなかったとも言える。

しかし、精密機械工業の低迷や生産の海外移管により、従来のようにピラミッド構造内に安住していたのでは、安定的な受注を確保できない。このため、ピラミッド構造の中位や底辺にあった企業も、技術やノウハウを武器に差別化を図り、系列外からの受注や地域外からの受注に動かざるを得なくなっているのである。

地域内、県内に留まる受発注関係

こういった動きは活発化しつつあるものの、現実の受発注取引の範囲は諏訪・岡谷地域内、広くても長野県内に留まる場合が少なくない。岡谷市・岡谷商工会議所が九九年に実施した「景気動向調査」(2)によれば、表3―1に示すとおり、三割強の企業において諏訪・岡谷地域内が主な取引先の範囲であり、さらに「地域外の県内」を含めた長野県内の取引に留まる企業が過半を占めている。

表3―1　主な取引先の範囲

区　分	精密	機械	電気	計量	表面処理	鍛造	計
諏訪・岡谷地域	36.5	46.2	24.5	16.0	49.6	25.2	32.9
地域外の県内	18.3	25.7	21.1	14.6	31.7	25.2	22.8
県外	41.2	27.7	48.9	63.6	18.7	49.2	41.6
海外	4.0	0.4	5.5	5.8	0.0	0.4	2.7

注：単位はパーセント、機械は一般機械、計量はメーター類などの計量器の製造を指す。出典資料においては、「諏訪圏」とされているが、同じ3市2町1村の範囲であるので、表現の統一を図るため「諏訪・岡谷地域」と表記した
資料：『景気動向調査報告書』(1999年4月)　岡谷市・岡谷商工会議所

表3―2　産業注分類別製造品出荷額等にみる長野県の全国順位(1997年)

区　分		全国順位	工場数	従業者数(人)	製造品出荷額等(百万円)
製造業　計		15	9,051	254,920	7,018,104
機械金属系	金属製品	19	804	15,059	298,195
	一般機械	10	1,271	35,919	936,990
	電気機械	3	1,837	88,934	3,138,512
	輸送機械	19	285	13,159	334,053
	精密機械	2	572	17,101	389,120

注：従業者4人以上工場
資料：『工業統計調査』

「諏訪・岡谷地域内」の比率が高いのは、これまでの工業集積の経緯、その構造を考えると当然の結果と思われるが、長野県内の比率も高い。これは、岡谷が長野県の中央に位置すること、また長野県が機械金属工業では全国有数の集積を持つことによるものであろう。工業統計調査によると、九七年の長野県の製造品出荷額等は全国一五位であるが、機械金属系業種に限れば、一般機械が一〇位、電気機械が三位、精密機械が二位といずれも上位に顔を出す。つまり、県内において非常に大きな需要が発生しており、これのみをターゲットとしてもかなりの仕事量を確保できることになる。

業種・製品別に取引先の範囲をみると、独自製品を持つメーカーを多く含

むと考えられる「計量」は「県外」の比率が高いのに対し、加工のみを行う「表面処理」は「諏訪・岡谷地域」の比率が高い。この結果から、ピラミッド構造内での位置、特に最終製品メーカーであるか否かが、取引の範囲を規定しがちであることがわかる。

最終製品を持たない企業、賃加工に携わる企業にとっては、岡谷の立地条件、交通条件は厳しい方向に作用するようである。しかし、他の追随を許さないほどに技術力を高め、位置的なポテンシャルを克服して取引範囲の拡大を図りつつある企業もみられるので次に紹介する。

㈱丸眞製作所は、熱処理の分野において日本でも有数の技術力を有する企業である。しかし、その受注は諏訪・岡谷地域が半数を占め、大半が長野県内からである。これは、岡谷において創業し、長らく諏訪・岡谷地域の工業の発展とともに、自らも成長してきた結果であろう。一方で、同社の技術力は高く評価されており、遠隔地からの引き合いもある。しかし、納期の問題がネックとなる場合が多いようである。表面処理の工程にかけられる日数は、往復の輸送を含めても二〜三日ということであり、短納期への要求は非常に厳しい。同社では、材料が搬入された翌日には納品することを基本としている。このため、輸送時間を考えると一五〇キロ圏内、つまり長野県内が限界ということとなる。また、加工賃収入の場合、最終製造メーカーに比較して輸送コストの影響が大きい。加工賃の五％以内に抑えたいとのことであったが、単品もの、大物などの場合には一〇％以上を占めることもあるようであり、課題となっている。

このような状況の中、同社では、量産ものを中心に岐阜県、群馬県など県外からも受注している。今後、高い技術力を背景に、首都圏などからも積極的に受注する意欲を持っているようである。

㈱エプテックは、メッキを中心とする表面処理を専門とし、その技術力についての評価が高い企業である。取引先は約三〇〇社に上るが、大半が諏訪・岡谷地域の企業である。こうした中、技術力が評価され、東芝のＨＤＤ部品の表面処理を受注し、業績を伸ばしている。部品は、東京都青梅市にある東芝の工場より、週に二回、中央自動車道を通ってトラック輸送されてくる。

この受注経験により、技術力による差別化が重要であるとの認識を新たにしたようであり、今後も諏訪・岡谷地域に拠点を置きつつ、受注範囲の拡大を狙っていく構えである。実際に、精度を要求される難しい仕事を中心として、県外からの受注が着実に増加しているとのことである。

(2) 高速交通体系の整備による岡谷工業の変革

諏訪・岡谷地域は、江戸期より中山道、甲州街道が交わる交通の要衝として栄えてきた。また、明治期には、現在の国道二〇号、ＪＲ中央本線が整備され、東京、名古屋への交通が確保された。しかし、六〇年代後半以降、他の地域が高速道路、新幹線の整備により広域高速交通体系に組み込まれていく中、一般国道、在来鉄道しか広域交通の手段を持たない岡谷は、その位置的ポテンシャルを相対的に低下させたのであった。

こうした状況の中、岡谷は中央自動車道の開通によって広域高速交通体系に組み込まれ、その位置的ポテンシャルを大きく改善させることができた。中央自動車道は、六七年に調布〜八王子間の供用開始を皮切りに整備が進み、八二年に高井戸〜小牧間の全線が開通した。岡谷インターチェンジの設置は八六年まで待たねばならなかったものの、八二年の時点でも諏訪インターチェンジなどを利用することにより、東京、名古屋などへの所要時間が大幅に短縮されたのである。一般国道を利用した場合、東京まで約六時間、名古屋へは塩尻を経由して約五時間を要したものが、現在では東京へ約二時間半、名古屋へは約二時間強と、一般国道利用の半分以下となっている。

また、JR中央本線も電化され、特急あずさ号が運転されるなど、高速化が図られ、新宿までの所要時間は約二時間半までに短縮された。同様に塩嶺トンネルの開通、特急しなの号の運転、塩尻駅の移転整備なども行われ、名古屋へも約二時間一〇分で到着できるようになり、鉄道の利便性の向上も図られた。

進む高速交通体系の整備

岡谷の位置的ポテンシャルの変化に大きな影響を与えているのは、高速道路網の整備である。中央自動車道の開通以降も、高速道路網の整備は着実に進められており、八八年には長野自動車道の岡谷～松本間が供用開始され、九五年に長野東、九七年には新潟県内の中郷までが開通している。さらに、九九年一〇月には上越まで延長され、北陸自動車道に接続された。長野自動車道が北陸自動車道に結ばれることにより、長岡、燕・三条、富山といった工業集積地域との連絡が容易となり、これらの地域との関係の強化が期待される。

このほかにも、首都圏中央連絡道路（八王子～青梅、鶴ヶ島～木更津）、中部縦貫自動車道（松本～岐阜県～福井県）、三遠南信自動車道（飯田～静岡県）の事業化、中部横断自動車道（佐久～山梨県～静岡県）の整備計画が進められている。これらの高速道路、高規格道路が整備されることにより、岡谷

図3—1　広域高速交通体系の整備状況

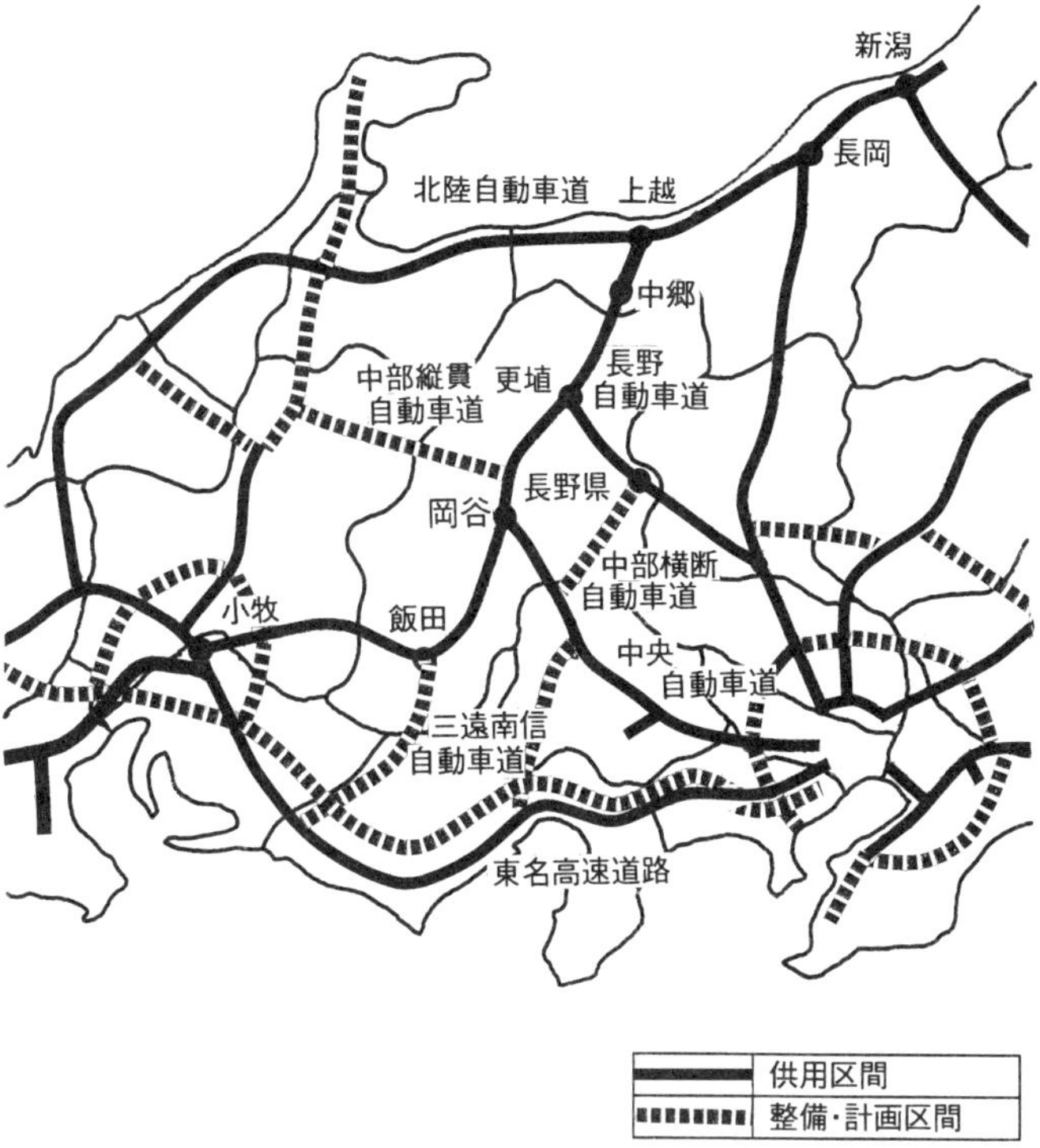

から浜松、静岡・清水、福井などへと、地域間交流の輪を拡げることができる。これまでは地理的にみて日本の中央に位置するに過ぎなかった岡谷が、広域高速交通のネットワークの形成により、その位置的ポテンシャルに秘めてきた可能性を一気に開花させるものと期待される。

また、九四年に松本空港がジェット化され、大阪（伊丹）との間に毎日二便、札幌、福岡へ毎日一便、松山へ週三便が運行されており、路線の充実が図られた。岡谷から松本空港へは自動車で約三〇分と近く、今後地域間、企業間の交流範囲をより拡大していく上で、その存在意義は大きい。

高速交通体系の整備と岡谷工業の動向

中央自動車道の開通により、岡谷の工業がどのように変わったのか。通常、交通の利便性が向上することにより期待される効果としては、取引先の広域化などによる受注の拡大、地域外からの新たな工場の立地の二つがある。しかし、岡谷の場合、開通当初より今日まで、そのいずれについても大きな影響はなかったようである。

もちろん、大手企業を中心とする最終製品メーカーにとって、首都圏、中京圏への時間が短縮されることの意味は大きかった。

帝国ピストンリング㈱長野工場は、ピストンリング、シリンダライナーを生産する同社の主力工場である。同工場で生産されたピストンリングなどは、トヨタ自動車をはじめとする自動車メーカーに納品されるが、ジャストインタイムを意識し毎日二回出荷している。愛知県内のトヨタ自動車の工場までは、中央自動車道を利用して約二時間で到着できる。広域高速交通体系整備の恩恵を受けており、同社は岡谷の位置的ポテンシャルの向上を高く評価している。

一方、中小零細な企業を中心とする多くの企業はピラミット構造内の取引関係に留まっており、受注の広域化を強く意識してこなかった。このため、広域高速交通体系が整備されたことによる恩恵を十分に受けることができなかった。先に紹介した㈱丸真製作所、㈱エプテックなどは希有な例であろう。しかし、今後は受注の広域化など、取引範囲の拡大へと動かざる得ない状況に入ってきており、広域高速交通体系整備の効果が大きく現れるものと期待される。

また、工場誘致の面においても、広域高速交通体系整備の効果は大きくなかった。岡谷は地形的な制約が厳しく、新たな工場用地を大規模に提供できなかったからである。工場誘致の面で、広域高速交通体系整備の恩恵を受けたのは、比較的大きな工業団地を用意できた茅野市、富士見市、原村であり、さらに伊那市、辰野町、箕輪町などの伊那谷の市町村であった。これらの市町村には、八〇年代の中盤以降、多くの工場が立地し工業集積をおおいに高めたのである。

(3) 工業振興とまちづくり

岡谷は諏訪盆地の一画にあり、市域の大半が山間地である。平地は、諏訪湖畔のごく一部に限られる。この狭い平地に、住宅、工場、さらに農地が入り交じり、住工に加え農が混在した土地利用となっている。都市計画上は、平地が市街化区域とされ、用途の指定がなされている。住居系、商業系と工業系の用途地域がモザイクのように入り組んで指定されている。工業系用途地域の大半は準工業地域であり、工業地域、工業専用地域は大規模工場や工場団地などに限られる。工業系用途地域の指定も現状を追認している傾向が強く、また工業系用途地域の大半が土地利用用途の制限の緩い準工業地域であり、都市計画により住工混在の問題を解決することは難しい状況にある。

工業を基幹産業とする岡谷にとって、住工混在の解消、工場の新規立地、建替え・拡張などに対応する用地の確保は、かねてよりの懸案事項であるが、なかなか有効な手だてを見出せないのが実情である。しかし、岡谷の経済・産業の行く末を左右する非常に大きな課題であり、早急な対応が望まれている。

表3―3　工場団地の概要

団体名	事業主体	分譲開始年度	分譲面積	区画数
石原工場団地	岡谷市	昭和56年度	1.2ha	9
金山工場団地	岡谷市	昭和60年度	0.5ha	4
御所工場団地	岡谷市	平成2年度	1.2ha	5
川岸丸山工場団地	岡谷市	平成3年度	1.3ha	4
塩嶺林間工場団地	岡谷市	平成8年度	1.6ha	6

資料：『長野県工場適地ガイド』

工場団地の整備と工場の流出

こういった課題を解決するための一つの方策として、工場団地の整備が行われてきた。現在までに、五つの工場団地が市内に整備されている。すべて岡谷市が事業主体となって整備したものであり、全区画分譲、操業済みで、現在のところ空き区画はない。しかし、最も大きな塩嶺林間工場団地でも分譲面積一・六ヘクタールであり、いずれも規模が小さい。また、石原工場団地から川岸丸山工場団地までは平地に整備されたが、その後平地に用地を見出すことが出来ず、最も新しい塩嶺林間工場団地は岡谷インターチェンジの西側の山間地に造成して整備された。この団地の隣接地に、将来的な分譲を目指して（仮称）第二塩嶺林間工場団地（開発面積二万平方メートル、分譲面積一万平方メートル、五区画）の整備が計画されている。しかし、山間地を造成整備するため、周辺市町村の工場用地に比較し分譲単価が高いという難点があり、立地企業の確保が難航するのではないかと懸念されている。

これまでも、整備された工場団地が規模的に小さいこと、分譲単価が高いことがネックとなってきた。現実に、より安価で、より広い用地を求め、伊那谷などへと流出した工場も少なくないようである。

図３―２　大規模工場および工場団地の分布

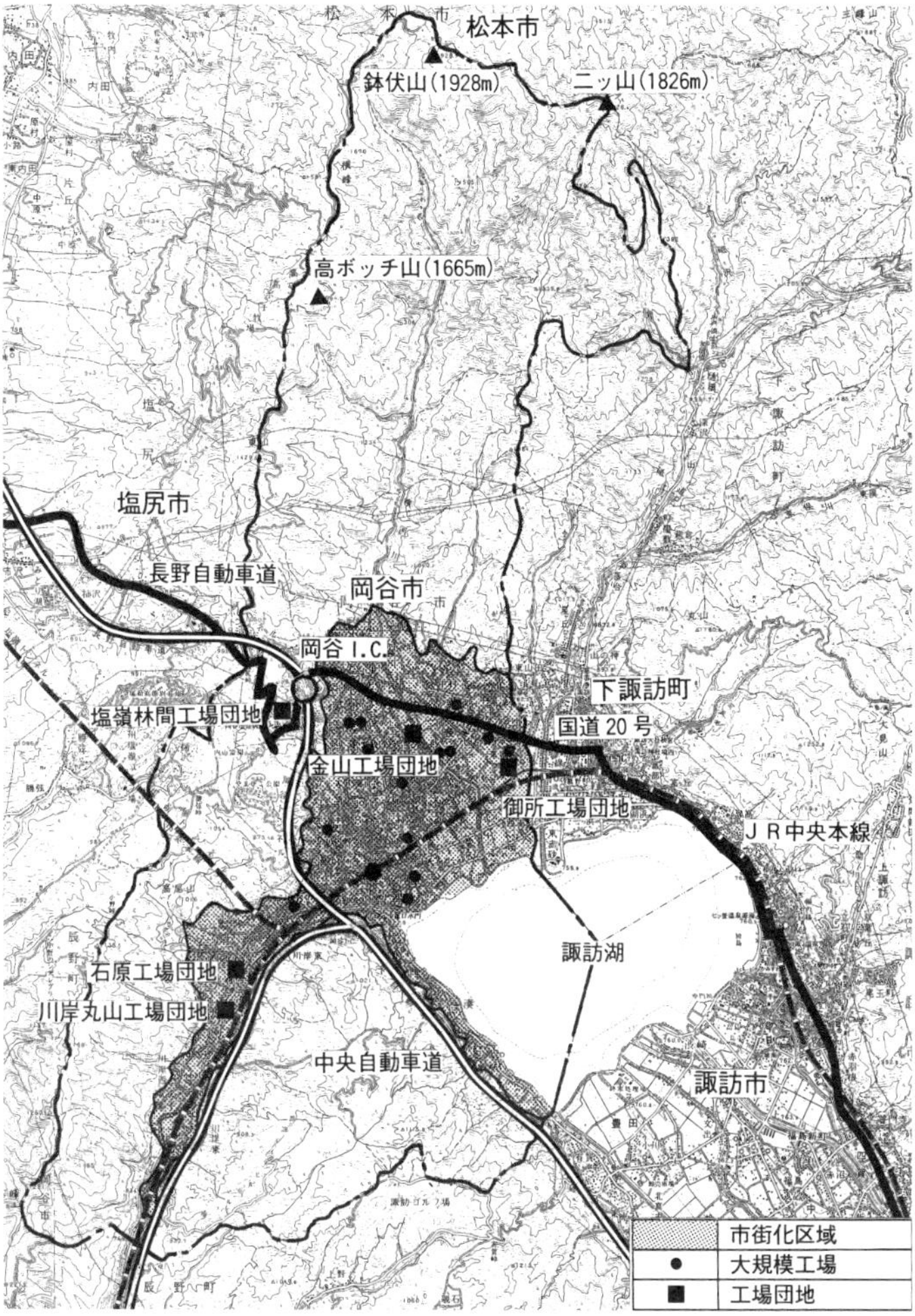

住工共存への転換

住工混在の解消、工場の市外への流出防止を工場団地の整備のみに頼ることには限界がある。また、岡谷ほどの住工混在状況となると、都市計画により住居系、商業系土地利用と工業系土地利用を分離し、用途の純化を図ることも現実的ではなかろう。

むしろ、計画的に、より積極的に住工混在を進め、住工共存を目指すよう意識を変えていく必要があるのではないか。市街地内に残存する空き地などを活用し、工場アパート、貸工場などを用意していくのも一つの方法である。これらは、工場立替え時の一時的な利用や「長野県創業支援センター」から巣立つ企業の受け皿としても有効に機能する。また、市内の既存工場が何らかの理由で退出する場合、その跡地を工場用地として担保することが重要である。このためには、工場の移転などに関する情報を行政がいち早く察知し、工場用地を必要としている他社へ斡旋できる体制をつくる必要がある。都市計画上も、用途の制限の緩い準工業地域に代えて工業地域、工業専用地域の指定を拡大する、あるいは準工業地域のままであっても地区計画を導入し、土地利用用途を工業系に制限することなどが望まれる。

二　諏訪・岡谷地域における連携

諏訪湖を囲んで位置する岡谷市、諏訪市、下諏訪町、さらにその東側に広がる八ヶ岳山麓に位置する茅野市、富士見町、原村は、「諏訪のたいら」と呼ばれ、諏訪・岡谷地域として一体的な経済圏を形づくってきた。また、これら三市二町一村には、機械金属を中心に電気・電子などを含む多様性を有する工業が集積している。このうち、特に岡谷、諏訪、茅野、下諏訪の三市一町に集積する工業の特色は、精密機械をルーツとする「細密な小物の量産」に収斂され、同質性が強い。さらに、全国的な認識としても、この三市一町を中心に諏訪・岡谷地域を一体の工業集積と捉えている場合が少なくない。

諏訪・岡谷地域の工業集積の経緯と現状を認識した上で、地域連携による工業振興の意義、重要性について考えていくこととする。

(1) 諏訪・岡谷地域の工業集積

諏訪・岡谷地域の工業集積の特徴を整理すると次のようである(3)。

諏訪は、岡谷とともに地域の工業集積の中心としての役割を果たしてきた。その歩んできた道は、岡谷とほぼ軌を一にする。諏訪は高島藩三万石の城下町として栄え、江戸後期には早くも製糸業の発生を見ている。その後、器械製糸の集積地として大いに繁栄したが、世界恐慌を契機に製糸業が後退したのは岡谷と同様である。服部精工舎などの疎開工場の立地を契機に、戦後精密機械工業が大きく発展し、岡谷とともに「東洋のスイス」と称された。しかし、一九八〇年代中盤以降の精密機械工業の低迷、生産の海外移転などの痛手は大きく、電気・電子分野への展開を図っているものの、苦境を脱してはいない。工業統計調査によると、八〇年代中盤を境に製造品出荷額等が大きく落ち込んでおり、ピーク時の半額以下となっている。また、業種別の製造品出荷額等をみると、電気機械が最も多く、次いで精密機械、一般機械の順である。岡谷に比べ精密機械への特化が著しかったため、依存度が依然として高いものの、近年業種の転換が急速に進んでいるようである。

表３―４　周辺市町村の工場の動向

区　分	1975	1980	1985	1990	1995	1999
岡谷市	1,048 16,496 117,975	1,067 16,176 200,607	1,094 15,924 241,597	1,127 14,911 290,648	1,014 12,732 266,252	912 11,925 227,240
諏訪市	525 12,508 154,330	554 11,954 224,843	585 10,121 323,274	613 9,862 241,643	534 8,229 138,181	563 8,215 154,913
茅野市	432 6,519 43,253	454 7,202 92,752	528 8,137 144,312	525 8,752 193,326	540 8,681 193,609	521 8,161 193,136
下諏訪市	414 6,667 40,102	424 5,760 59,566	461 6,396 96,421	457 5,278 104,444	420 4,358 80,629	372 3,414 48,694
富士見町	114 1,640 10,628	138 2,168 21,206	142 3,781 61,491	147 4,365 146,730	141 3,958 135,808	153 3,603 129,149
原村	44 407 1,442	47 405 2,320	51 524 3,720	45 534 9,934	46 708 11,481	42 510 21,128

注：上段　工場数、中段　従業者数（人）、下段　製造品出荷額等（百万円）
資料：『工業統計調査』

表３―５　産業中分類別　製造品出荷額等上位５業種（1999年）

区　分	１位	２位	３位	４位	５位
岡谷市	電気機械 138 2,580 65,239	一般機械 251 3,594 60,916	精密機械 136 1,893 30,727	金属製品 118 1,174 17,224	輸送機械 25 578 10,790
諏訪市	電気機械 100 2,663 49,647	精密機械 69 1,192 29,381	一般機械 124 1,280 28,416	金属製品 73 1,057 16,255	プラスチック 17 277 5,761
茅野市	電気機械 116 3,232 90,264	一般機械 88 1,439 27,322	非鉄金属 14 343 11,440	金属製品 71 494 8,539	精密機械 37 445 7,088
諏訪郡（２町１村）	電気機械 117 3,839 118,486	飲料飼料 3 152 27,512	一般機械 120 845 16,808	金属製品 67 444 5,512	プラスチック 72 622 3,711

注：１段目　業種名、２段目　工場数、３段目　従業者数（人）、４段目　製造品出荷額等（百万円）
資料：『工業統計調査』

下諏訪は、江戸期より温泉宿場町、あるいは諏訪大社の門前町として栄えた歴史を持つ。工業集積の経緯は、製糸業から精密機械工業への転換、さらに電気・電子などの多様な分野への展開と、岡谷、諏訪と同様の道を歩んできた。しかし、諏訪と同様に、製造品出荷額等が近年急激に減少している。大手企業の生産移管などの影響が相当に深いものと考えられる。

茅野は、戦後、製糸業から精密機械工業への転換がなされたのであるが、岡谷、諏訪、下諏訪に比べると、その動きはやや遅く、また鈍いものであった。しかし、八〇年代以降電気機械を中心とする工場誘致が進み、製造品出荷額等は順調に伸びてきた。九〇年以降は、ほぼ横ばいで推移しているものの、すでに諏訪を上回り、岡谷に次ぐ存在に成長している。業種別の製造品出荷額等をみると、電気機械の比率が岡谷、諏訪に比べて高い特徴を持つ。

富士見、原も八〇年代以降、電気機械を中心に工場誘致を進めてきた。富士見は、八〇年代後半に大きく成長し、その製造品出荷額等は、近年低迷の度合いが深い下諏訪を上回っている。また、原は数字は小さいものの、製造品出荷額等が現在も伸びている。

諏訪湖畔にある岡谷、諏訪、下諏訪は精密機械工業の低迷、生産移管などによる痛手が大きい。特に、諏訪、下諏訪はその傾向が著しく、苦境を脱していない。岡谷のみがやや立ち直りを見せつつある。これに対し、八ヶ岳山麓の茅野、富士見、原は、八〇年代以降の工場誘致の成功により、大きな成長を果たした。しかし、誘致された工場の多くは電気機械の量産を中心としており、今後厳しい局面に立たされる懸念もある。慎重に今後の経過を見守る必要がありそうである。

(2) 産業振興における地域内連携

諏訪・岡谷地域の工業集積を構成してきた大手企業を頂点とするピラミッド構造は、市町村を単位として築かれていたわけではなく、諏訪・岡谷地域全体を底辺として形成されてきた。前節で示したように、諏訪・岡谷地域内での取引が多いことからも、地域内における企業間の連携、交流が活発であることがわかる。おそらく、大半の企業が、市町村の境界を越え、諏訪・岡谷地域全体に広がる受発注関係を形成しているものと考えられる。

こういった日常的な受発注の関係以外にも、諏訪・岡谷地域の企業が連携した注目すべき動きがみられる。諏訪・岡谷地域の若手経営者が結集したインダストリーウェブが中心となって取り組んでいる「諏訪バーチャル工業団地」の活動がそれである。若手経営者たちが、諏訪・岡谷地域の工業の将来を模索するなか、インターネット上にホームページを開設、情報を発信し受注の拡大を図るという活動に結びついたものである。現在、諏訪・岡谷地域の約一五〇人、約一三〇社が参加しており、将来的には五〇〇社の組織化を目指している。活動開始より六年ほどが経過したが、受発注形成を含めた新たな産業創造、市場創造への取り組みが実を結び始めており、全国的にも大いに注目を集めている。

産業振興施策の広域連携

こういった民間企業における地域内の連携が活発であるのに対し、行政は互いの領域に踏み込まない意識が強く、政策の連携は不活発なままである。岡谷が工業を基幹とするのに対し、諏訪、下諏訪は観光などの他産業の存在も大きいこと、また茅野、富士見、原は工場誘致を振興施策の柱に据えているといった、産業振興政策の違いが影響しているものと考えられる。岡谷は単独で、受注の活発化、広域化に向け、市内の企業データを収録したCD―ROM「岡谷市企業ガイド」の作成・配布、岡谷市工業技術紹介ホームページの開設、東京での営業開拓拠点の設置などの施策を展開している。こういった施策を諏訪・岡谷地域の三市二町一村が連携、協力して行うことが望まれ、より大きな効果も期待できる。

例えば、新潟県の燕市と三条市は、互いにスタッフを出し合って組織した新産業誘致開発部を設置している。(4) 両市が共同で企業誘致や受注斡旋活動を展開し実績を上げつつあるのは、地域内連携の好例であろう。燕・三条の場合には、ともに金属加工を中心としつつも技術や製品に違いがあり、企業間の交流が不活発であった。これを活性化するために、政策的に連携が図られた面が強い。これに対し、諏訪・岡谷地域の場合には、精密機械工業を共通のルーツとしており業種や製品分野が近いこと、一方で技術や加工に多様性が見られること、現実に企業間の取引・交流が活発に行われていることなどから、より大きな実績が上げられるものと期待される。

諏訪・岡谷地域において産業振興施策を共同して展開する場合、地域の中心都市であること、工業集積も最大であること、現実に多様な産業振興施策を展開し実績を上げていることなどから考えて、岡谷がリーダーとなることが求められるであろう。現実的な展開として、既に岡谷が実施している施策を諏訪・岡谷地域に拡大することを考えてみてはどうか。例えば、データ更新の機会を利用して、CD―ROMを「諏訪・岡谷地域企業ガイド」に拡大することなどが考えられる。

今後、産業振興のみでなく様々な場面において、諏訪・岡谷地域における政策連携が強く求められるようになろう。そう考えると、三市二町一村による市町村合併も選択肢のひとつであろう。現実に、青年会議所などを中心に合併を求める動きは根強い。具体化はしていないものの、潜在的には常に合併に対する意識があるようである。地方分権の推進や地方行政の効率化に向け、市町村合併を推進しようとする動きが、ここのところ急である。現在約三二三〇ある市町村を合併によって千程度まで減らそうという声も聞こえる。また、市町村合併を推進するための法の整備も進められるようである。

今後、市町村合併の動きが活発化し、諏訪・岡谷地域においても具体化する可能性はある。その場合にも、市町村合併には功罪両面あることを受け止め、慎重に検討することが重要である。また、仮に合併する場合にも、それぞれの市町村の個性を尊重するとともに、相互作用により良いところを伸ばしていけるような方向にまとめいく必要がある。特に、岡谷については、市町村合併により基幹産業である工業の振興をどう効果的に進められるかが大きな検討課題となろう。

三　地方都市工業都市・岡谷の可能性

地方都市の問題を考える場合、大都市圏との関係に視点をおいて議論しがちである。しかし、広域高速交通体系の整備やデジタル化された情報通信の発達が著しい今日、地方都市は、その地理的な位置は変らずとも、位置的なポテンシャルを大きく変化させている。こういった地方都市を巡る環境の変化は、従来のように東京などの大都市圏を経由することなく、地方都市同士が、あるいは地方都市が海外と直接に連携、交流できる状況を創り出してきた。まさに、ローカル・トゥ・ローカル、ローカル・トゥ・インターナショナルな連携、交流が実現可能な時代を迎えつつある。

従来、地方都市と大都市圏との関係は、地方都市が行政、経済・産業、文化などのあらゆる面において、情報発信や交流の拠点としての役割を大都市圏に大きく依存し、一方で地方都市は、大都市圏への若年人口の流出といった搾取に耐えてきた。今後もこの関係が劇的に変化する可能性は低いであろう。しかし、バブル経済の崩壊後、大都市圏はその負の遺産の清算による疲弊の色が濃く、また価値観やライフスタイルの多様化、少子時代の到来によりUターン、Iターンが増加するなど、小さな変化が芽吹きつつある。

この変化に地方都市の側が敏感に反応し、例えば、疲弊の目立つ大都市圏に代わり、地方都市が若者の夢を育む場となっていく、また工業集積に関して言えば、大都市圏での存続が懸念されつつある基盤的技術・技能などを代替、補完していく場となることなどを真剣に検討する必要があるのではないか。

こういった地方都市の今後の問題について、地方工業都市の典型とも言ってよい岡谷の可能性をさぐることによってみていきたい。

(1) アジアとの結びつき

通貨危機を契機として減速傾向にあるものの、アジアの台頭には目覚しいものがある。現実に諏訪・岡谷地域においても生産のアジアへの移管が進み、ここ十数年来苦境を経験してきた。地方と地方都市はアジアの存在を無視できないどころか、より強くその影響をうける立場におかれているのである。このことを強く意識し、積極的にアジアとの結びつきを考えていく必要性に迫られている。

ローカル・トゥ・インターナショナル

地方都市とアジアとの結びつきという面において、岡谷は先駆的な存在である。複数の中小企業がアジアへの進出を果たし、順調に業績を伸ばしている。大手メーカーによる生産の海外移管とそれによる受注の減少が直接のきっかけであるが、根底では「閉塞感」からくる反発のエネルギーが爆発し、「どうせ山を越えるのならば、海外進出だ」という意識が働いたのであろう。

内陸の地方都市という条件は、一見すると海外との連携、交流に非常に不利なように感じられる。しかし、本当にそうであろうか。むしろ、日本国内での都市間競争より、海外との連携、交流の方が立地上のハンデが働きにくいのではないか。確かに、国際空港は大都市圏にしかなく、そういう面では不利である。しかし、大都市圏を経由することを意識するのは、国際空港に出向く必要のある人の行き来だけである。デジタル情報通信の発達により、情報やデータは瞬時に海を越える。材料、部品、製品も、岡谷が得意とする小物であれば、海外宅配便により翌々日にはアジアの諸都市に届く。日常的な活動において、大都市圏の中継など意識する必要はないのである。まさに、ローカル・トゥ・インターナショナルな連携、交流が可能となってきた。地方都市が積極的に海外との連携、交流を進めていく先駆的な事例として、岡谷の今後により注目する必要があろう。

(2) 工業集積地域間の連携強化

広域高速交通体系の整備やデジタル情報通信の発達は、日本列島を小さくし地方都市間の距離を縮めてしまった。今後、地域間競争が激しさを増すと同時に、地域間の連携がより求められるものと考えられる。また、企業活動で考えれば、受発注、研究開発などについて、全国レベルで最適なパートナーを求める動きが活発化するであろう。諏訪・岡谷地域の若手経営者グループであるインダストリアルウエッブが取り組む「バーチャル工業団地」の活動が示すように、情報通信を用いて地域間の距離を超越しようとする試みもより活発化しよう。

特に、大都市圏を経由しない地方都市同士の直接交流がより活発となり、この交流を通じて新たな可能性が生み出されるものと期待されるのである。

ローカル・トゥ・ローカル

岡谷は中央自動車道の開通により広域高速交通体系に組み込まれた。以来、高速道路ネットワークの形成が進むにつれ、日本のほぼ中央にあるという位置的ポテンシャルに秘められた可能性を、現実に発揮できる状況を獲得しつつある。

岡谷は、燕、川口、墨田、大田、浜松、東大阪、八尾、尼崎、岡山が参加する「中小企業都市サミット」のメンバーであり、これらの工業都市との交流を深めているところである。岡谷は、これら参加都市の中央に位置する上、高速道路ネットワークの整備により、かなり短時間で行き来が可能な状況を手にすることとなる。この状況を有効に活用して交流をさらに深め、受発注関係の形成、技術・技能の相互補完、共同での研究開発や受注活動の展開など、実質的な連携、交流に踏み込んでいくことが期待される。

岡谷がその位置的なポテンシャルを開花させ、ローカル・トゥ・ローカルな連携、交流の実現においても、先駆的なモデルとなることが多いに期待されるのである。

大都市圏の基盤的技術集積の補完

一方、大都市圏の工業集積との関係においても、一つの役割が期待されている。大都市圏の機械金属を中心とする工業集積は、高度な技術を要する加工や試作、多品種少量生産などにおいて重要な役割を担ってきた。しかし、近年ほころびが目立ちつつある。特に、廃業の増加と新規創業の減少、技術者・技能者の高齢化と若年者の確保の困難などにより、基盤的技術・技能の喪失が強く懸念される状況となりつつある。

そこで提案されるのが、東京をはじめとする大都市圏が担ってきた機能を地方の工業都市が代替、補完するという動きである。東京、名古屋などの大都市圏との距離、工業集積の規模、技術の水準や多様性などを考えた場合、岡谷、浜松、燕・三条などがその候補都市となろう。(5)

(3) 若者の夢を育む場を目指して

少子化による長男・長女の時代であるとともに、大都市圏での生活に対する疲弊感が強まり、若者の地方都市への回帰志向が高まりつつある。従来は大都市圏が若者の夢をかなえる場であったが、今後は地方都市こそが若者の夢を育む場となることが求められる。また、若者が夢を育むことが、地方都市の活性化につながることは言うまでもない。岡谷で言えば、Uターン人材が「独立志向」「進取の気風」を発揮して起業するのを支援する仕組みをより強化する必要があろう。

また、「人材立地」という言葉も聞かれるようになった。(6) 若者は大都市圏での学業を終えるとふるさとに帰るため、地方都市に優秀な人材が集まる時代になりつつある。こういった人材を求めて企業が立地を選定するという意味である。人材、それも均質な労働力としてではなく、様々な能力、才能を確保するための多様な人材を確保できることが、地域の魅力として浮上してきているのである。

いずれにしろ、地方都市にとって「人材」が最大の資源となる時代が到来しそうである。岡谷は、この点を十分意識し、「独立志向」「進出の気風」を受け継ぎつつ、若者の夢を育む場としての地方工業都市の新しい姿を全国に示すモデルとなることを期待するものである。

(1) 板倉勝高「諏訪盆地における工業の変化」(『人文地理』第二巻第三号、一九五九年)、を参考とした。
(2) 「景気動向調査報告書」一九九九年四月実施。
(3) 通商産業省関東通産局監修『「産業集積」新時代　空洞化克服への提言』日刊工業新聞社、一九九六年、を参考とした。
(4) 燕・三条共同による産業振興への取組みについては、関満博・福田順子編『変貌する地場産業』新評論、一九九八年、を参照されたい。
(5) 関満博『新「モノづくり」企業が日本を変える』講談社、一九九九年、に「マニュファクチャリング」の実現としての提案がある。
(6) 関満博　前掲書に「人材立地」についての提案がある。

第四章　就業構造と人的資本の特質

一　構造変動と人的資本問題の起点

現代日本の製造業が置かれている環境変化が、岡谷市工業にも例外なく大きなインパクトを与えている。そのインパクトは、先の各章でみたように、事業所数、従業者数の減少という形で顕在化しているが、反面、構造変動期に付随せざるをえない避けられない現象でもある。むしろ、問題は構造変動という現実的な課題に打ち負かされないような日々の取り組みと、将来への展望を切り開くような大胆かつ着実な取り組みを実践していく意欲と意志を、個々の企業としても地域としても持ち合わせているかどうかなのであろう。

(1)　構造変動と下請中小企業

八五年秋のプラザ合意を境にした日本メーカーのグローバル展開の加速化、国内の既存製品市場の成熟化、新規製品市場の不透明性、将来の生活不安と深く結びついた国内需要の低迷など、根本的かつ構造的な変動要因は、中小製造業の今後の事業戦略と展開、それに見合った人材の採用と育成を考える場合の基本的な前提条件となっている。

このような構造的変動要因が中小製造業にどのような影響を与えているのであろうか。

構造変動に直面している完成品メーカー（電気・電子機器、自動車産業などの加工組立型産業に代表される）の基本的戦略は、海外現地法人の質的充実を図りながら海外生産比率を高める一方で、国内における下請取引企業との関係を新たに再編成することにある。このような基本的戦略の採用は、製造業における下請中小企業の割合（下請中小企業比率）を徐々にではあるが、確実に低下させてきた。この割合について、『中小企業白書』（平成九年版）は、一九八一年の六五・五％をピークに下がりつづけ、九六年には五一・六％に低下したとしている。構造的変動要因に変化がない限り、今後も下請取引に依存する中小企業の割合は低下し続けていくであろう。

さらに、下請取引のあり方も大きく変わりつつある。親企業一社のみという専属下請中小企業も減少しており、今後も減少していく傾向にある。

経済が右肩上がりだった時、下請取引関係には親会社、一次・二次・三次下請という安定した階層的秩序を「形成する」ことが求められたが、八〇年代半ば以降、下請取引関係を弾力的な新しい階層秩序に「再編成」することが至上命題となってきている。しかも、この動きは、ピラミッド型分業の底辺に向かえば向かうほど激化し、加速化している現状にある。

(2) 再編成される下請中小企業

新たな階層秩序を「再編成」する選別基準にも当然変化がみられる。従来どおりＱＣＤ（品質、取引単価、納期）を重視する点は変わりないが（もちろん、下請企業のＱＣＤに対する要請・要求はしだいに高度化してきている）、最近ではさらに、継続的取引を担保しうる経営の「健全性・安全性」、短納期対応力、技術開発力、企画・提案力などを下請中小企業に求めるようになってきた。

その結果、専属下請であれ、受注先企業がかなり多元化した下請企業であれ、選別基準の変化の方向を的確に読み取り、その要請に対応できる経営システムの質を維持・強化しなければならなくなった。下請中小企業としてＱＣＤ管理体制を常に維持・強化していけるような人材を養成するだけでなく、さらに一歩進んで研究・開発力、開発・量産試作力、企画・提案力の高い人材を社内や地域で育成できる体制を早急に確立することが求められている。

八〇年代前半までは、地域の大規模事業所の事業拡大につれて形成された安定した〈地域内〉受発注に対応する形で、岡谷市の機械系中小企業も事業拡大を図ることが可能であった。また、時代のうねりを巧みにキャッチしながら新規開業し、成長をとげることができた。そのような流れの中で、熱処理、メッキ、溶接、板金、プレス、切削、研削など、ある程度の基盤的な技術が地域内に形成されてきたといえよう。

しかしながら、時計やカメラを主力商品とする親会社が、岡谷・諏訪地域の下請企業に求めた生産技術は、量産技術に偏りがちであったことは見逃せない。

カメラ、時計などの精密部品の量産加工・組立分野が海外にシフトすることによって、量産技術とコストを売り物にしてきた下請企業は大きなダメージを受けることになったのである。

そのような地域工業環境の中でも、広域的受注（市場の拡大）、部品加工から組み立てまでの一貫生産の構築、先端的な加工技術の習得、多品種少量生産などに積極的に取り組む企業群が生まれ始め、それらの企業群が現在の当地機械系中小企業の中核部隊を形成してきている状況にある。

例えば、次のような企業は、前述したような構造変動をいち早く見抜いた典型的な企業の一つであろう。

七〇年代後半に地元の大企業である精工舎から受注した量産加工物を手がけ、当時としては最先端のNCマシニングを導入するなどの果敢な設備投資を行った。しかし、その後、コスト競争のみにさらされる宿命にある量産加工技術分野からの脱出を図り、八〇年代から、独自に設計部門をつくり、試作・開発分野、多品種少量の治工具分野に特化していった。そのような取り組みと試行錯誤を繰り返しながら開発・量産試作力、企画・提案力を強化してきた。現在は電子部品製造の組立ラインをつくるなど地域の中堅企業にまで成長している。

このような地域中堅企業の層が厚くなり、それに応じて当地の下請中小企業の基盤的技術が底上げされることが期待されている状況にある。

また、京セラ（光学機器）、セイコーエプソン（プリンタ）、帝国ピストンリング（ピストンリング）などの地域大規模事業所の海外展開が進む一方で、プラザ合意以降、ソーデナガノ（プレス加工）、小野ゴム工業（マグネットゴム）、諏訪テクノロジー（基板設計）、諏訪機械製作所（電磁遮蔽材加工）、みくに工業（時計外装）など、当市工業の中堅・中小企業の中から海外に進出する企業もでてきた。

九七年二月現在、岡谷市にあるメーカーの海外進出企業数は二四企業であるが、そのうちの一五企業が八五年以降の進出となっている。

(3) 自社製品・自社技術志向型中小企業の台頭

大手が参入しにくいニッチ製品市場やニッチ技術市場を志向する中小企業は、市場（顧客層）の絞り込みときめ細かな市場戦略をベースに事業展開を図っている。このような企業を筆者は、「自社製品・自社技術志向型中小企業」と呼んでいる。

このタイプの中小企業は、既存分野での独自的展開や新分野への進出を図るケース、加工技術をベースに応用領域を拡張するケース、新技術・新素材に取り組む新たな挑戦を始めるケース、開発・試作・生産・検査・出荷などの各段階でのコストダウン、省力化・工程改善に寄与する製品・サービス市場への展開を図るケース等々きわめて多様なバリエーションがある。

岡谷市にはこのタイプの企業が、計量器、洗浄器、ダイヤルゲージなどの自社製品をもつ企業、自動機、専用機などを手がける企業などの形で約五〇社あり、これらの企業群が当市工業の次のステージを担う高いポテンシャルをもっている。

また、新たな市場を求めて海外展開している当市の中堅・中小企業にも新たなビジネスチャンスと情報、刺激的な風を地域にもたらすことが期待されている。

二　地域における人的資本の現状と課題

(1) 地域経済を構成する三つの企業群

当市の主要工業は大別すると三つの企業群から成っている。

一つは、帝国ピストンリング（ピストンリング、シリンダライナ）、京セラ（光学機器、光学応用製品）、セイコーエプソン（腕時計部品）、マルヤス機械（コンベアー、搬送省力機器）に代表されるような大規模事業所、第二に、下請中小企業としてスタートしながら自社製品・自社技術志向型中小企業として地域の中堅企業への転換を果たした（あるいは、転換過程にある）中規模事業所、第三に、先の事業所群を下支えしている小規模・零細な事業所である。

これらの三層から成る企業群は、それぞれ異なる人的資源問題を抱え込んでいるが、ここでは大規模事業所、中堅・中規模事業所を中心にとりあげることにする。

(2)　大規模事業所とキャリア蓄積

岡谷・諏訪地域には世界的な大企業の事業所も多く優秀な人材も少なくない。また、地域の大規模事業所従業員も例外なく高齢化している。大規模事業所全体の従業員年齢構成は不明であるが、当地を代表するメーカーT社の従業員年齢構成をみることによってその傾向を確認しておこう。

表4―1をみると、五〇歳以上が三〇％弱、四〇歳以上でほぼ半数、三〇歳台がやや少なくなっている。男子社員の平均年齢は三九・七歳であった。

しかしながら、高齢化の進行は、活力の衰退・低下にただちに結びつくと考えるような一面的かつ皮相な見解にとらわれるべきではない。むしろ、高齢化はキャリアの蓄積でもあるという積極的な視点に立つことが必要である。また、地域の大規模事業所の人材は、地域にとっての潜在的なストックである

表４―１　男子従業員年齢構成比

年齢階層	構成比（％）
58歳以上	6.1
53～57	15.6
48～52	13.1
43～47	10.2
38～42	9.6
33～37	10.4
28～32	12.5
23～27	15.2
18～22	7.4

資料：Ｔ社提供資料(98年)より算出

表４―２　部(門)別人員構成比

部（門）	構成比（％）
技術部門	9.7
業務部	3.3
生産管理	8.1
生産技術	13.1
品質管理	9.0
製造	53.5
情報システム	1.8
商品開発	1.1
機器統括	0.4

資料：Ｔ社提供資料(98年)より算出

と見なすべき時代に突入しているのである。

さらに、Ｔ社の経営組織面から業務内容を検討すれば、キャリアの内容が少し明らかになろう。Ｔ社の経営組織は、技術部門（技術企画、技術開発、製品技術、品質保証、新材料開発）、商品開発・機器統括・情報システムの各部、長野工場の業務・生産管理・生産技術・品質管理・製造（鋳造、素材仕上げ、研削・機械加工、表面処理、熱処理など）各部から構成されている。各セクションの人員構成をみたものが表４―２である。

地域の大規模事業所の従業員を通じて、市場情報、企画・開発、生産管理、品質管理、経営管理全般、生産技能等々の多様なキャリアをもった人材が地域に蓄積されているのである。

これらの大規模事業所は、大手メーカーのグローバルな経営戦略の下で事業所方針が決定され、実行に移されてきている。また、今後も、事業内容の見直し、統廃合、合併、経営組織の変更などに伴う雇用調整が続くであろう。

これまでに実施された雇用調整により大規模事業所からスピンアウトした従業員が、新規に創業する事例も少なからずみられる。

例えば、大規模事業所のリストラの過程で、地元の中堅メーカーの支援を受けながら、管理者とシステム開発部門の技術者の計七人で新会社を起こしたサイパーク（九三年創業）などは典型的な事例であろう。

また、精密工業試験場に隣接してつくられた「長野県創業支援センター」（九七年）も積極的に利用されている。地元大手企業のリストラが原因で退職することになった四〇代～五〇代の退職組が、それまで培ってきたキャリアを生かし、ソフト開発、表面処理、光造形、製造機器開発、検査装置などの分野で創業している。地域に新しい風を起こすケースとして今後の事業展開が期待されている。

大規模事業所からのスピンアウトによる新規創業だけにとどまらない。

地域の中堅・中小企業は、経営と技術に関するさまざまなノウハウ――生産計画、原価管理、製品管理、ＩＥなどの生産管理情報、設備の開発・設計、治工具の設計・制作設備保全などの生産技術情報、品質管理等々――をもった人材をこれまでも必要に応じて受け入れてきた経緯がある。しかしながら、これまではパーソナルな人的ネットワークを通じての人材受け入れがほとんどであり、「点と点」によるキャリアの活用にすぎなかったのである。

今後は、キャリアが十分生かせるような地域全体のシステムを創造していかなくてはならない。さまざまな地域でこの「受け入れシステム」の話は聞くが、ほとんどのケースが企業グループレベルでのキャリア活用にとどまっているのが現状である。大規模事業所と地域の中小企業との間の人材交流を真剣に模索しなくてはならない時期にきているように思われる。

(3) 中小製造業と人材

〝企業は人なり〟しばしば耳にする言葉である。この言葉は真正な意味で、中小企業に特に当てはまる。

コストダウンを図るための下請再編、自社製品・自社技術志向型中小企業の優位性が叫ばれる中、中小企業は、技能、生産管理、工程管理、研究開発、営業担当、企画担当などの職種で質の高い人材を確保し、育成する必要に迫られている。むしろ、これらの人材を確保し、育成することができるかどうかが企業の将来の命運を左右するといっても過言ではない。

さらに重要なことは、「会社はトップの器以上に成長しない」という点である。経営者の発想の限界がそのまま企業活動の限界となるのである。その意味において、中小企業にとって最も重要な人材は経営者である。

中小製造業の雇用動向は、全国的にみると、九三(平成五)年以来、雇用の過剰状態が続いていたが、九七年一時不足状態に転じた。その後は再び雇用過剰状態になっている(『企業短期経済観測調査』)。しかし、雇用の過不足は、単なる雇用「量」の過不足という意味あいが強く、雇用の「質的」側面が見逃されがちであることは十分留意すべき点である。

(4) 地域中小企業の現状(経営環境)

岡谷地域の中小企業の現状を経営環境(受注、納期、受注単価)と従業員の確保と課題に分けて見ておこう（『中小企業アンケート調査について』岡谷商工会議所、九八年六月、回収率六二％）。

受注に関して、当面（六ヵ月先まで）順調と回答したのはわずか一九％であり、一ヵ月先位まではいが、その先の見通しが立たないとする「変動し不安定」が四四％、「極めて厳しい」が三七％に達している。今回の景気の影響を受け、先行きに何らかの不安感や焦燥感を抱いている企業経営者・管理者が八割を超えているということである。

納期についても三～四日が一七％、一週間が一一％、全体の四分の一強が一週間以内であり、一〇日（一七％）、一五日（一六％）と続いている。ほぼ二週間以内の納期が六割強であった。短納期への要請が強まっていることうかがえる。

最も深刻なのは、受注単価面である。受注単価が前年同月と比べて「変わらない」と回答したのは二九％、「厳しくなった」は六六％、「改善された」はわずか五％にすぎなかった。三社のうちの二社で受注単価の引き下げがみられたのである。

(5) 従業員の確保

このような現状を反映して、従業員の確保に関して、「現状でよい」（四九％）、「減を図る」（二％）で半数を超えるが、それでも「充足が困難」と回答した企業は三九％にものぼっており、「確保が容易」との回答はわずか一〇％にすぎない。

前述したように、岡谷地域の中小企業においても、技能、生産管理、工程管理、研究開発、営業担当、企画担当などの職種で質の高い人材を確保する必要性があると認識している企業が、従業員の確保問題で頭を痛めているのが現状である。

さらに、同アンケートには若年層と中高年層に分けた上で、確保したい従業員の設問があるので、それを踏まえて現状とその特徴についてみておこう。

若年層については高学歴者を採用したいとする傾向がみられるが、学歴そのものというよりも潜在的に質の高い人材を確保しておこうという人事戦略の現れであろう。

この地域には九公立高校、一私立高校があり、岡谷市内には三つの公立高校がある。また、東京理科大諏訪短期大学、職業訓練校、岡谷技術専門校などもあるが、ここでは岡谷工業高校のケースをみることによって最近の動きの特徴をみておこう。

岡谷工業高校の卒業生の状況（九六年度）をみると、卒業生のうち就職は全体の四八％にあたる一三八名、県内就職は一二八名（九三％）、そのうちのほぼ四人に三人が諏訪地方に就職している。岡谷市内への就職者は、三六名（卒業生全体の一三％、就職者全体の二六％）で、その就職先は、ほぼ六割がメーカー、残りがサービス業となっている（工業高校卒業・就職者のメーカー離れ現象）。さらに、その就職先は、京セラ（五名）、帝国ピストンリング（三名）、マルヤス機械、沖電線、富士光機、岡谷電機など市内の主要事業所であり、中小規模の事業所への就職はわずか数名にすぎなかった。製造業に対する日本の社会的評価の低さ、大企業（ブランド）至上主義が蔓延していることがある程度反映した結果でもある。

このような傾向は、専門学校、短大、大学卒の新規採用者にも同様にみられる。新規学卒者の労働市場は、中小メーカーにはあまり開かれていない状況にあると言えよう。

中途採用については、同種の業歴者であれば中高年者の採用も考えているが、そうでない場合にはやはり四〇歳以下との回答が多くなっている。中高年は経験を重視して即戦力、そうでなければ教育・訓練を考慮してできれば年齢的に若い人を採用したいということであろう。

いずれにせよ、採用――教育・訓練――人事的処遇（賃金、昇進・昇格）――教育・訓練という社内システムが一貫したものになっていないと定着も難しく、ましてや人材育成・能力開発の面で大きな成果を得ることはできない。

中小メーカーは、これまでＯＪＴ中心の能力開発・教育訓練に依存するケースが多かった。確かに、日本の職場組織においてはＯＪＴは有効な教育訓練方法であった。

しかしながら、有効性を十二分に発揮するためには条件がある。その条件とは、長期的・全社的な観点からＯＪＴをシステムとして整備することである。中小メーカーは、大企業とは異なりややもすれば場当たり的なＯＪＴに陥りがちであるからである。

社内に適当な研修担当者がいないことや研修費がかさむなどの理由からＯＦＦ―ＪＴに消極的な中小メーカーが多いが、長野県工業技術大学校講座や精密工業試験場で開催される各種の技術講習会や研究会などに従業員を派遣して能力開発・教育訓練に努めることが肝要である。人を育てない企業には質の高い人材は集まってこないのである。

また、最近では目標管理制度を導入することによって能力開発に弾みをつけようと試みる中小メーカーも増える傾向にある。そこで、当地における好例を紹介しておこう。

社員一人ひとりがバーコードを持ち、機械についた時の作業時間が全てわかるような作業時間管理とと賃金管理（賃金体系は年功的要素を四〇％程度に抑え、残りは従業員の能力に応じた職能給としている。今後、この割合をさらに能力的要素に傾斜させていくとのことであった）を連動させる方式を採用している事例である。この事例で目標管理的運用が行われるのは職能の評価をめぐってである。

職能評価（能力評価）は、毎年、従業員一人ひとりと職場のリーダーが「目標と実績」などについて話し合った上で、最終的には職場の上司が中心になり行う仕組みになっている。その際、職能評価が作業時間管理と連動していることもあって「評価基準の公平性」はかなりの程度担保されている。目標管理的運用による能力開発をスムーズに実施できる社内システムをつくりあげているのである。

しかし、評価基準が公平であっても十分ではない。評価点数が賃金「額」としていくらになるのかをめぐって課題が残るからである。

この課題に対して、この会社は、会社の財務状況（売上げ、コスト、利益など）をすべて従業員に公開し、利益は従業員に還元するとの基本方針をうちだし、能力給の配分をめぐる社内的コンセンサスを形成している。経営管理の徹底（企業の発展・成長）と従業員の職能的能力開発を見事に一致させた事例といえよう。

(6) 外部資源の活用による人材育成

中小企業の経営資源は限られている。設備面でも人的資源の面でも制約がある。岡谷市の中小メーカーも例外ではない。

この制約を打破するためには、外部資源をフルに活用する必要がある。その現状はどうであろうか。

人、物、金、情報、技術等々に関するさまざまな外部資源があるが、ここでは外部資源の一つとして岡谷市にある長野県精密工業試験場のケースをとりあげよう。

五七年から業務を開始した長野県精密工業試験場は、現在、管理部、測定部、加工部、化学部、電子部、半導体部の六部編成の組織で構成され、職員は場長を含めて四二名の体制（九八年四月現在）で運営されている。九七年には同試験場に隣接して創業支援センターが開設された。

同試験場の利用・活用状況をみてみよう。試験場を年一回以上利用している企業数は、地元岡谷の企業をはじめとして七〇〇社にのぼるとされ、試験場を利用した研究会活動もかなり活発に行われている。全国的にみると、この種の施設は中小企業にとって敷居が高くなんとなく敬遠されがちな傾向がみられる中で、かなり健闘している試験場の一つにあげられよう。同施設を利用する企業を従業員規模別にみると、三〇〇人以上の企業が三分の一強、五〇～三〇〇人未満の企業が同じく三分の一強、残りが五〇人未満の企業であるという実績が何よりもそのことを雄弁に物語っている。

『長野県精密工業試験場業務報告　平成九年度』（九八年八月）によれば、依頼試験件数は一万二五五四件、施設利用は四六三一件であり、職員一人あたりの依頼件数は全国平均の四倍弱、施設利用は八倍弱にのぼるとのことであった。

さらに、技術指導事業（技術相談、技術指導、巡回技術指導、中小企業技術基盤強化指導、技術講習会、講演会、職員派遣）にも力が入っており、技術相談件数は一七六六件で一日平均七件強にのぼっている。関連事業として各種研究会――マイコン、ＥＭＣ、電気計測、薄膜技術、県精密加工技術、県品質工学、県環境調和型産業技術、県技術交流プラザ――もさかんである。

中小メーカーは、加工技術、品質管理能力の向上を図るためにも地元にある試験場をこれまで以上に積極的に利用する必要があろう。当試験場のもつ機械・器具・装置、人的資源を生かす意味でもさらなる取り組みが期待される。

中小企業が一般的にOFF―JTに消極的なことは前にふれたとおりである。技術講習会、各種の研究会、依頼研修、長野県工業技術大学校の長期・中期・短期の技術者研修や専門研修などに従業員を派遣することを人材養成の社内プログラムに取り込むことも必要であろう。現場を離れて現場を外からとらえ返すことによってOJTを一層効果的にすることも期待されるからである。

(7) 中小企業経営者による新たな挑戦

諏訪・岡谷地域の経営者による新たな挑戦が注目されている。

岡谷市に拠点をおく異業種交流グループのNIOM（New Industry Okaya Members）の存在である。当地で事業をおこした先代の事業を継承した二代目がグループのメンバーである。

岡谷青年会議所のメンバーが八〇年代に入り、経営問題などの情報交換に集まったことがきっかけであった。当時は、戦後の岡谷の隆盛を演出したカメラや時計などにかげりが見えはじめたことや先代からの事業継承などが重なり、先行きに対する不透明感が拡がっていた。業種は異なるが世代的にも近いこと、経営課題に共通性があること、それぞれのメンバーが個性的であり、かつ協調と競争の精神に溢れていたことなどがNIOMを戦略的なグループにまで高めていった。

NIOMとしての活動は、中小企業テクノフェアへの出展、その他の技術展への参加、海外での展示会への出展を始めととして、会員企業の海外展開、シンガポールへのサテライト事務所の共同設置（九一年）等々、きわめて多岐にわたる。小さな知恵を結集して大きな行動に結び付けている質の高い実践である。

このような挑戦する中小企業経営者を地域内にどれだけストックできているかが、今後の地域中小企業の展開を考える上で重要なキーワードになろう。挑戦する中小企業経営者の下には行動力あふれた従業員が育っていくからである。

最後に、舵取りがむずかしい混沌とした二一世紀初頭であるが、混沌の彼方には可能性が拡がっている時代でもある。経営者には新しい発想で新しい仕掛けを創り出すことが求められているのである。

これからの経営者には発想を〈広く遠く大きく〉することが求められている。その意味で、ＮＩＯＭの活動は一つのヒントになろう。

参考文献
『岡谷市史（下巻）』岡谷市、一九八二年
『長野県精密工業試験場業務報告　平成九年度』一九九八年
『活用労働統計』各年版　生産性労働情報センター
関満博『空洞化を超えて』日本経済新聞社、一九九七年
稲上毅、八幡成美編『中小企業の競争力基盤と人的資源』文真堂、一九九九年
熊沢誠『能力主義と企業社会』岩波新書、一九九七年
中沢孝夫『中小企業新時代』岩波新書、一九九八年
『中小企業白書』平成九年版・一〇年版、他

第五章　新たな方向に向かう地域中小企業

わが国の地方工業都市を広く眺めたとき、特定の産業、企業のリードのもとに発展してきた地域を数多くみることができる。しかし、それらの工業都市が安定的に繁栄を続けている例はほとんど見当たらない。あたかも発展し続けているかのようにみえる工業都市でも、その内部では大きな地域構造変化を経験し、それを乗り切るべく様々な対策が講じられてきたことを忘れてはならない。ある意味で、地域経済の歩みは変革の歴史といってよいだろう。

この点、本書で取り扱っている岡谷も、先にみてきたように、明治以来の製糸業から精密機械産業への転換、そしてその後の精密機械産業から機械産業全般への取り組みというように、時代の荒波のなかで自らを変革し続けてきた。そうした変革の歩みは、時代の変化に揺り動かされた地域中小企業が生き残りをかけて取り組んできた歴史ともいえる。事実、精密機械産地から機械産業全般にわたるモノづくり基地へと変貌していく過程において岡谷の中小企業は、あらゆる課題に挑戦し続けてきたのである。

おそらく、地方工業都市が時代の変化を受け止めていくには、新たな企業経営に挑戦できる中小企業がどれだけ存在しているかが問われるのであろう。本章では、そうした新たな挑戦に取り組んでいる地域中小企業に注目しながら、地方工業都市の今後を考えていきたい。

一　地域中小企業の存立と発展

好むと好まざるとに関わらず、地域中小企業の発展の歩みは、個々の地域に固有な工業構造に影響されている。たとえ、地域の発展と異なる方向に歩んでいるようにみえる企業も、地域から有形無形の影響を受けている。われわれは地域中小企業が新たな発展に向けて果敢に挑戦している行動も、それらの立地する地域の工業構造を直接、間接的に反映したものとして理解することができる。ここでは、幾度かの時代の画期において挑戦してきた岡谷工業の構造的特色を整理しておくことにする。

(1)　岡谷工業の発展と地域中小企業

岡谷工業のこれまでの発展を振り返ってみたとき、そこには幾度もの節目があったように思える。それは先に述べたように、一つは、製糸業から精密機械産業への転換であり、二つは精密機械産業から機械産業全般に踏み込んでいく時代があげられる。

一つ目の製糸業から精密機械産業への転換は、地域の近代工業化に向けての挑戦の歴史であり、それはこの地が「東洋のスイス」と呼ばれる精密機械産地へと飛躍する歩みであったといえよう。こうした繊維から機械産業への転換については、戦後多くの繊維産地が経験した構造変化に重なる部分が少なくない。その分析は、近代工業化が地域にもたらす社会経済的な影響という点で重要であるが、ここでは、次なる精密機械産地から機械産業全般への変革に焦点を当てながら地域中小企業の今後を考えていくことにする。

特に、地域工業構造の変革が地域中小企業の経営のなかでどのように受け止められてきたのか、そしてこれからの発展の場をどこに求めようとしているのかに注目したい。それは、精密機械産業に彩られていた岡谷工業がどのように機械産業全般に関わる工業構造を築いていくことになったのか、またそれは地域中小企業の存立にどのような影響を及ぼすことになったのかを明らかにすることでもある。

この点、精密機械産業に彩られていた前時代の岡谷工業の構造的特質は、次のように集約することができよう。

何よりも、時計、カメラに代表される精密機械製品のモノづくりを可能とする生産システムが地域に構造化されていた点に特色をみることができる。そこでは、精密機械メーカーを頂点としたピラミッド型の取引構造が形成され、精密機械製品の生産に関わる地域中小企業は、精密機械メーカーの製品戦略に応えていくことに全神経が注がれていたといっても過言ではない。

その結果、地域中小企業の技術構造は、特定の精密機械メーカーの製品展開に強く規定されていくことになる。そして、地域中小企業の生産技術、加工技術は、機械産業全般のモノづくりの一部を構成するにとどまざるをえなかったのである。いわゆる精密小物部品の量産加工という形容詞で表現することに違和感のない岡谷工業がそこに存在していたといえよう。

そうした精密機械産地の形成は、地域中小企業の活動範囲を限定していくことになる。地域中小企業は、あえて精密機械以外の分野に踏み込む必要もなく、ましてや地域外の得意先を意識する必要もなく、地域内のネットワークの中での発展に取り組んでいったのである。それは、地域工業としての精密機械産業が最も安定していた時代であり、地域中小企業にとっても発展のあり方を明確に描くことのできた時代でもあった。

いずれにせよ、岡谷工業がこのように概観できるのは、精密機械産業の繁栄を背景に着実な歩みをみせていたからにほかならない。しかし、時代はそうした繁栄を長く維持することを許さず、新たな工業構造を求めて揺れ動くのであった。

(2) 精密機械産業から飛躍する地域中小企業

精密機械産業に彩られていた岡谷工業がいつのまにか機械産業全般の生産拠点へと変貌している。こうした変化については、精密機械産業をめぐる生産構造変化を指摘することができるが、最近では特に生産のグローバル化に象徴的に現れている。事実、コンパクトカメラに代表される量産タイプの精密機械製品は、激しいコスト競争に直面するなど国内生産を大きく後退させている。その結果、精密機械産業の仕事量は岡谷工業において明らかに減少していったのである。

そうした困難は、他方で精密機械産業への依存という構図で語られる岡谷工業にとどまることなく、新たな産業分野に踏み出していく直接の契機ともなったのである。精密機械産業以外への挑戦は、次代の岡谷工業を切り開くエネルギーでもある。そうした新たな挑戦は、個々の企業によって異なるが、それらはおよそ次の三つに集約することができよう。

一つは、精密機械産業の枠組みを超えていく展開があげられる。精密機械製品づくりに発展の場を求めてきた岡谷工業にとって、それ以外の分野に踏み込むことなく将来を展望することが難しくなるなか

表5—1　岡谷工業の産業別・製造出荷額等の構成比推移

産業分類	1980	1985	1990	1995年
精密機械	46.3	37.5	21.5	7.5
電気機械	13.7	22.5	29.8	43.4
一般機械	11.1	17.0	21.1	19.8
輸送用機械	3.3	1.0	2.5	2.3
その他	25.6	22.0	25.1	27.0
計	100.0	100.0	100.0	100.0%

資料：工業統計

で新たな産業、市場に向けての挑戦がはじまる。

二つは、精密小物量産加工という技術領域からの飛躍である。新分野進出において、既存技術のみで対応できるケースもあるが、これまでの技術領域と異なる技術を備えていくことが条件づけられるケースが少なくない。それは、精密とか、小物とか、さらには量産とは異なる加工技術ということになろう。

三つは、地域からの飛躍があげられる。この点、地域内の生産要請に応えるのみにとどまっていたのでは、新分野、新技術への取り組みは限られたものとなったであろう。この点、現在の岡谷工業は、着実に地域外からの仕事を確保するなど、広域的な取引構造を築いている。

いうまでもなく、これらは個々に存在するものではなく、相互に深く関わっている。例えば、精密機械産業以外の産業分野に踏み込むには、新たな加工技術の内部化が必要であったり、また地域外の得意先を開拓しなければならないというようにである。

ところで、岡谷工業の産業別の製造品出荷額等の構成比は、次のように変化している。まず、地域の顔ともいうべき精密機械産業は、八〇年の四六・三%から、八五年三七・五%、九〇年二一・五%、九五年七・五%と大幅に低下している。逆に、電機産業は（同年での比較）、一三・七%、二二・五%、二九・八%、四三・四%と急角度で拡大するなど、現在では岡谷工業の主力産業としての位置を占めていることが認められる。

こうした挑戦がすべての地域中小企業によって取り組まれてきたとはいわないが、少なくとも地域の発展をリードしてきた精密機械産業をいかに乗り越えていくかが問われ続けてきたことは疑うべくもない。地域全体が同質タイプのモノづくりを目指すという一元的な発展が期待できない現在、地域中小企業は個々に個性的であることが条件づけられている。それは、これからの地域工業、地域中小企業の発展を考えていく際のキーワードでもある。

二　多様な発展をみせる岡谷中小企業

次に、そうした多面的な取り組みが求められる時代にあって、地域中小企業がどのような取り組みを進めてきたかについてみていくことにしよう。岡谷工業の現在と将来は、新たな発展に向けて挑戦している地域中小企業にみていかなくてはならない。

(1)　多様な分野に挑戦する機械加工業（共栄製作所）

精密機械産業における小物量産部品を手がける機械加工業にとって、従来の加工領域から抜け出すことは容易ではない。それは、機械加工に括れる一つの加工技術であっても手がけている加工領域によって、それぞれ異なった技術特性が求められているからにほかならない。例えば、同じ形状の部品加工も、生産量、あるいは求められる精度が違えば、必要とする加工技術の水準、それを手がけるための生産システムが異なるというようにである。けっして、機械加工を手がけている機械加工業であれば、どんな機械加工でもできると考えてはならない。他の加工領域に踏み込むには、それを可能にするための体制づくりが条件となる。

一九五七年、共栄製作所（従業員八〇人）は小物のミシン部品を手がける機械加工業として創業する。しばらくは、小物の量産部品加工に従事していたが、六三、六四年頃、少量タイプのプリンター部品を手がけることになる。この部品加工は、少量というだけでなく、特殊な太物加工であった。

この加工を契機に、共栄製作所はそれまでの精密小物量産部品加工にとどまらず、幅広い分野の仕事に取り組んでいくことになる。その際、共栄製作所は技術特性、あるいは作業環境、作業条件が異なる分野については、新たに部門を設けたり、あるいは子会社（分社）を設立するなどの生産体制を整えていくのであった。

この共栄製作所の部門別制、分社制という考え方は、従業員の独立支援にまで及ぶ。従業員の独立に対する支援の代表的な例は、六三年に設立された共栄電工であろう。独立当初は共栄電工が切削加工を手がけ、共栄製作所が仕上げるという関係にあった。その後、共栄電工は着実に拡大発展し、現在では従業員四、五百人を数え、また中国に進出するなどして、独自の歩みをみせている。

さて、現在の共栄グループ（資本関係にある企業群のみ）の生産体制は、本体である共栄製作所に加え、諏訪地区の六社で設立したが現在では同社の一〇〇％子会社になっているスワコアッセンブリー（同、五〇人）と、精密小物量産加工を手がけるホーセイ（同、一〇人）の三社によって編成されている。また、共栄製作所は、本社工場、箕輪工場、伊北工場、物流センターからなり、スワコアッセンブリーは本社工場、長池工場から構成されている。

現在、これらの工場では、半導体製造装置のアルミフレームの加工、光関係のコネクター部品加工、研磨治具のアタッチメント加工、プリンター部品加工など様々な産業分野の仕事が手がけられている。

こうした生産体制を整えている共栄製作所の経営方針は、次のように集約することができよう。一つは、分社、部門別制により、個人の能力を最大限活かせる自由な体制を整えていくこと。二つは、誰もやらないことに挑戦すること。こうした方針のもと共栄製作所は、量的には少量から大量に至る領域を、産業では精密から電機など幅広い業種を構成、得意先は地域外への拡がりというように実に多様な取り組みをみせているのである。

以上のような共栄製作所の歩みは、ある意味で精密機械産業に著しく傾斜していく岡谷工業にあって特異な取り組みであったが、それは他方で岡谷工業の次なる機械産業全般への転換に向けての先駆的な取り組みであったといえよう。おそらく、精密機械産業の繁栄に沸く時代のなかで、多様な発展場面を模索している共栄製作所に対する評価は、当時としては例外として片づけられていたのではないだろうか。しかし、われわれは地域に内在する多様性にこそ、次代を切り開く手がかりがあるとして、共栄製作所の取り組みを積極的に評価していく必要がある。

(2) 加工領域の幅広さと自社製品を構成する部品メーカー（ダイヤ精機）

精密機械産業から飛躍することが地域全体の課題となる前に独自の発展を模索してきた共栄製作所であるが、ここで取りあげるダイヤ精機もまた先駆的な企業経営に取り組んできた地域中小企業として知られている。

ダイヤ精機（従業員一五〇人）は、カメラ、ミシン部品の小物丸物加工を手がける機械加工業として六一年に創業する。当時は、精密量産加工が急激に伸びている時代でもあり、ダイヤ精機はそれに乗り遅れることなく、さらなる拡大を目指して設備投資を計画する。とはいえ、量産部品加工の仕事を期待しての生産力拡大計画は、地域に量産部品の大量発注をしていた取引先から仕事の保証が得られず、断念せざるをえなくなる。

しかし、企業拡大への思いは強く、ダイヤ精機は地域の発展方向とは異なる少量領域に踏み込むことを決意する。それまでの自動機、専用機と異なり、治具ボーラーをはじめとする高精度加工機械を導入し、シチズン、横河電機などから測定器等の少量部品加工を手がけていくことになる。こうした少量領域の取り組みは、ひとりダイヤ精機の意思によって取り組んだというよりも、得意先の多様な要請に応えたという側面も指摘できる。すなわち、一元的な量産体制に向かっていた地域であっても、そこでは多様な生産対応が要請されていたということである。

その後、ダイヤ精機では、地域内のカメラメーカーの解散によって職を失った熟練工を何人か確保するなどして生産体制の充実を図る。七〇年代はじめには、当時巨大な機械の固まりであったファクシミリーの機械加工とユニット部品の組立配線の仕事を手がける。この仕事は、一ロット二〇〇〜三〇〇台ほどであったが、その後急激に製品の小型化と電子化が進み撤退を余儀なくされる。七〇年代後半には、その後一〇年余り続く預貯金のプリンター（月二〇〜三〇台ほど）の製造を手がける。八〇年には、半導体製造装置のステッパーの部品であるローダーの精密加工も手がけるが、これも量的拡大のなかで得意先の内製化に直面する。

こうした新分野への挑戦は、幾度も挫折するが、結果としてダイヤ精機の技術力を引き上げ数多くの得意先を獲得することに繋がる。実際、「ダイヤ精機にまかせば何でもできる」という高い評価のもと、様々な仕事が入ってくるようになる。

そうした精密部品加工分野とは別に、ダイヤ精機は二〇年ほど前から消耗工具であるコレットチャックを自社製品として製造販売している。このチャックは、ダイヤックというブランドで機械工具店を通じて販売されている。

このようにダイヤ精機は、自社製品分野と精密加工分野（少量から量産まで）を構成しながら着実に発展していたが、バブル経済崩壊後は仕事量が半減するなど厳しい経営環境に直面する。現在は、バブルのピーク時に比べ八割程度に回復しているものの、忙しい割には売上高の回復に繋がらないというコスト競争に苦しんでいる。

こうした厳しい経営環境に置かれているダイヤ精機ではあるが、けっして新分野に挑戦するエネルギーを失っているわけではない。いつの時代も新分野への挑戦が容易に実を結ぶほど企業経営は簡単ではないが、現在は特に厳しい時代でもある。そうした時代であるからこそ、われわれは次代の発展に向けて挑戦を続けるダイヤ精機に岡谷工業の明日をみていきたい。

(3) 装置産業化と営業テリトリーの広域化（エプテック）

精密機械産業の発展は、地域に多様な加工技術を根付かせていくことになる。一般に、精密機械工業製品の生産に必要な加工技術は、最も代表的な機械加工（切削）をはじめ、研削、金型製作、プレス、鈑金、鋳造、鍛造、塗装、メッキ、熱処理、プラスチック成形、プリント基板製作などがあげられる。こうした加工技術が精密機械産業の発展と共に地域化してきたといってよいだろう。ただし、岡谷におけるこれら基盤産業の技術的特性は、全体としては精密小物量産の影響下に置かれ限られた範囲の厚みをみせていたにすぎなかった。

エプテックは、六〇年、硬質クロームメッキ加工業として創業する（創業時の企業名は岡谷クローム工業株式会社）。創業者である先代は、ヤシカ（現京セラ）の前身のカメラメーカーで生産管理、購買、そして表面処理（メッキ）の仕事に従事する。創業当時、諏訪・岡谷地区は、セイコー（時計）、三協精機（オルゴール）、ヤシカ（カメラ）、チノン（ダイカスト）、北沢バルブなどの仕事が着実に増え、独立創業が活発化し始めていた。

エプテックは、創業の翌年に早くも銅メッキ、ニッケルメッキ、クロムメッキのラインを新設するなど加工の幅を広げていく。これはカメラなどの装飾的なメッキ加工の需要が地域内に増えてきたことを受けてのことであった。この六〇年代は、エプテックの言葉を借りると「仕事には恵まれなかったが、赤字にならずに済んだ」というものの、ある意味で緩やかではあるが堅実な歩みをみせた時代であったといえよう。

続く七〇年代は、エプテックにとって大きな転機となる時代であった。その背景の一つとして工場公害の規制の高まりのなかで水質汚濁防止法が七〇年に施行されたことがあげられる。この法律は、メッキ業一般のいう「金を稼がない公害防止設備」に巨額の投資を条件づけることになる。七一年、エプテックは自動メッキ廃水処理装置を装備する。他方、生産設備では、七二年に全自動真空式スラッジ脱水機の導入、七三年にフライタクトエレベーター式全自動銅・ニッケル・クロムメッキラインを完成させる。エプテックは、次第に装置産業としての歩みを早め、それに対応した仕事の確保に乗り出していく。

事実、その後のエプテックの設備増強とメッキ技術の高度化には目を見張るものがある。主なものだけをあげても、七六年ステンレス電解研磨装置、八一年無電解ニッケルメッキ装置、八八年現在地への工場移転と同時に、エレベーターハンガー式全自動メッキ装置、サンドフィルター方式全自動廃水処理装置が、九二年水系洗浄システムフィルター、九四年自動分析補給機、手動ラインの廃止と半自動キャリアハンガー式銅・ニッケル・クロムメッキライン装置、九七年ランダム制御による全自動無電解ニッケルメッキライン装置がそれぞれ導入される。

明らかに、メッキ業としてのエプテックは、メッキ技術の高度化はいうに及ばす、装置産業化を押し進めることによって地域需要の確保はもとより地域外の得意先の要求にも応えることのできる企業へと変貌していくことになる。そして、現在では、メッキ業のなかでは高い品質管理体制を備えるなど、高度な加工ができる企業としての評価が高まっている。最近では口コミで仕事が入ってくると共に、東京、神奈川、愛知などの遠距離取引も増えてきている。

基盤産業としてのメッキ業については、地域需要に発展を規定されることが少なくないが、エプテックはメッキ技術における管理水準の向上と技術的な幅広さを備えることで、そうした地域的な限界を乗り越えはじめている。さらに、メッキ加工の専門家して得意先に生産提案できるまでの力を備えると共に、二〇歳代、三〇歳代の従業員の力が着実についてくるなど、次代のモノづくり体制ができあがりつつあるエプテックの今後が注目される。

(4) 多様な加工要請に応える熱処理業(丸眞製作所)

熱処理業も、先のメッキ業と同様に部品加工業を支える業種の一つである。製品メーカーを頂点に、その部品加工を手がける機械加工業、プレス業などが拡がり、そして熱処理、表面処理などの専門加工業がそれらを支えているというのが機械産業の生産構造の特色の一つである。したがって、熱処理業の得意先は、製品メーカーであるよりも部品メーカー、部品加工業などであることが少なくない。また、熱処理業の存立形態は、大きく自動車部品に代表されるような量産で流れ物を主体とする企業と、多様な得意先を構成し多品種少量生産に特徴的な企業に分けることができる。この点、ここで取りあげる丸眞製作所は、後者のタイプで得意先は一、〇〇〇社に及んでいる。

丸眞製作所(従業員八八人)は、四九年下諏訪町において機械加工業として創業する(現在、本社は岡谷市)。当初は自転車部品のクランクシャフトの切削加工を手がけていたが、徐々に帝国ピストンリングの部品加工、船外機のクランクシャフトの切削加工に踏み込むなど仕事の幅を広げていく。このとき、必要に迫られ熱処理加工を内部化していくことになる。切削加工と熱処理をこなせる企業としての丸眞製作所がここに誕生する。その後、丸眞製作所の重心は次第に熱処理へと移っていく。

現在、丸眞製作所が手がけている熱処理は、真空熱処理、イオンプレーティング、軟窒化処理、高周波熱処理、浸炭焼入、焼きなまし、調質、各種一般焼入などである。熱処理以外では、機械加工とプレス加工が手がけられている。

これらの多様な仕事は、丸眞グループで対応されている。本体の丸眞製作所では、本社工場（同、二二人）がＯＡ機器部品の磁気焼鈍加工を主に分担している。小井川工場（同、二二人）では金型、ハードディスク部品などの真空熱処理、高周波熱処理が手がけられ、辰野工場では自動車量産部品が連続炉で加工されている。工機部は、かつては量産タイプの機械加工に従事していたが（七五年グループ企業に移管）、現在では少量タイプの加工に転じている。

グループ企業としては、丸眞ばね製作所（同、一五人）が設立当初は板ばねを製造していたが、現在ではプレス加工と歯切加工を担当している。丸眞精器（同、三〇人）は、七五年「組立をやることで製品づくりにつなげたい」との考え方のもと、エプソンの液晶の偏光板の貼り付けの仕事を手がけていたが、その後の海外移管という事態に直面し、現在ではプリンターの組立とコンピュータのセットアップの仕事を担当している。丸眞熱処理工業（二五人）は、山梨地区の得意先の仕事を手がけるために七二年に設立された。丸眞熱処理工業では、ロウ付けとイオンプレーティング以外は丸眞製作所と同じ熱処理加工ができる体制を整えている。

こうした地域需要の変化に対応すべく多様な熱処理技術を内部化すると共に、地域的な拡がりのなかで得意先を構成している丸眞製作所ではあるが、今後については「熱処理イコール鉄」という場面に限定せず、多様な発展を構想している。例えば、熱処理をベースにするものの、軽金属、アルミ、亜鉛、そしてセラミックなどを素材とする加工領域への取り組みがその一つである。それは熱処理というよりも広義の表面処理に重なっている。

基盤産業としての熱処理業、なかでも地域需要にきめ細かく応えてきた熱処理業にとって、熱処理技術のレベルアップは専門加工業としての基本であるが、さらなる発展を目指すには地域的な制約を超えた積極果敢な営業活動がこれまで以上に問われるであろう。すでに、全国レベルの交通体系の変化のなかで、地域を超えた広域的な活動に踏み込んでいる基盤産業は少なくない。

三　地域中小企業の新展開の課題

長野県岡谷市は、諏訪・岡谷地区の精密機械産業を代表する工業都市である。いやあったというべきなのか。精密機械工業都市として理解することが、岡谷工業の将来の発展にとって有益であるならば、あえて機械産業全般にわたるモノづくり都市への変貌を強調することもないだろう。しかし、現在の岡谷工業は、精密機械産業として括るにはその許容範囲を超えているようにみえる。小物加工であるとか、精密とか、量産とかそれぞれの特色は一面では維持しているようにみえるが、すでに産業的には実に幅広い分野を構成している。その範囲は、ＯＡ機器部品、半導体部品、自動車部品はいうに及ばす様々な分野に及んでいる。そうした実態を正しく理解することなく、次代の岡谷工業の発展を構想することは難しい。

おそらく、地域中小企業のこれからの発展は、地域の工業構造を前提とした将来を描くのか、あるいは従来の工業構造に関わりなく発展の姿を自由に描くのかという相反する命題のなかで揺れ動いていくのであろう。

一つ目は、地域の工業構造を踏まえた発展を構想するという考え方である。それはある意味で地域中小企業の経営活動の原点ともいうべき地域内のネットワーク構造を前提とした発展を探ることでもある。それを岡谷工業でいうならば、地域内の精密小物量産加工という生産特性を活かした発展の模索ということになろう。地域内のネットワークを最大限に活かすことで、新たな発展場面を切り開いていくことが期待されている。反面、こうした展開では地域内のネットワーク、工業構造を前提とするだけにドラスチックな地域革新を期待することは難しいかも知れない。

いうまでもなく、ここでの取り組みは、既存の技術構造の延長上、あるいは既存の市場のなかでの新たな需要開拓、さらには活動の範囲を少し踏み出すという意味では実現性の高い挑戦であるともいえる。われわれはこうした日常的な取り組みにこそ、地域全体の変革を一歩ずつではあるが確実に前進させるエネルギーがあることを軽視してはならない。

二つは、地域構造に関わりなく発展の場面を構想するという展開である。それは地域、あるいは個別企業の備えている経営資源にこだわることなく自由に将来を描くという考え方である。われわれは地域工業の将来を、それぞれの地域に固有な構造的特質に関わりなく描くことに少なからず抵抗を感じたものである。そこでは地域工業の備えている経営資源を前提に、それらをどう乗り越えていくかが検討されてきた。結果として、地域構造を大きく踏み出す将来を描くことができず、結果として先に示した既存の延長上での展開を構想するにとどまざるをえなかったのである。

しかし、現在では、われわれが注目してきた地域的特質、それはある意味で地域的な制約に重なるが、それらの制約条件が必ずしも乗り越えられないほど高い壁を築いているわけではないことに留意しなければならない。例えば、内部化しようとする技術が、既存技術の延長上になくとも、熟練技能を前提としたかつての技術体系の時代とは異なり、現在はＭＥ機器を装備することで一定の水準のモノづくりが可能になっている。企業は、次なるレベルアップに取り組みさえできれば、十分に競争力を持ち得る技術水準に達することができるのである。もちろん、モノづくりは言葉でいうほど単純ではないが、少なくとも前時代よりも新たな技術を内部化することが容易になっていることだけは間違いがない。

こうした新技術への挑戦と同時に、地域外への得意先開拓という営業テリトリーの広域化は高速道路網の充実と物流システムの発展を背景に条件が大きく変わってきている。極論すれば、国内で日帰りできないところはないとまでいえる時代を迎えている。そうした時代において、自らの営業テリトリーを限定する必要はない。

時代は、地域の工業構造を超えたところに発展の場面を構想することに何の違和感を感じることなく、すべての企業が自由に取り組むことのできる条件を備えてきている。地域中小企業は、そうした時代状況をどこまで受け止めることができるかどうかが問われている。とはいえ、それに取り組むことのできる企業はそれほど多くはないのも事実である。この点、本章で取りあげた事例企業については、前時代の地域条件に制約されずに自由に発展の場を描いてきた企業ということができよう。

そうした中小企業が、どれだけ地域内で数えることができるかによって、地域工業の将来が決まってくるといっても過言ではない。新しい時代を切り開く芽が多ければ多いほど地域発展の可能性は広がるであろう。リスクを恐れず、次なる挑戦に取り組む地域中小企業の存在なくして、次代の地方工業都市の発展を構想することはできない。

第六章　東アジアに踏みだす中小企業

機械金属工業の大手メーカーは、国内においては工場の縮小や閉鎖、外注企業の再編成などを進め、海外においてはグローバル生産・販売に向けた体制構築に取り組んでいる。こうした動きの中で、地域の中小機械工業の市場が縮小していると考えがちだが、むしろ、市場自体は全国、世界に拡散、拡大しているとみることが重要である。

国際的な工業構造が変容している中で、地域中小機械工業が直面している課題や可能性を分析する際に「海外市場に事業展開する企業」と「国内市場で事業展開する企業」、そして、国内市場で事業展開する企業においては「全国市場に参画する企業」と「地域内市場を確保する企業」に分類すると諸現象を比較的よく理解できる。

本章では、岡谷地域の中小機械工業の海外市場展開に焦点をあてる。第一節では、岡谷地域工業の国際化の構図を分析する。第二節では、東アジアに工場を展開している中小企業の事業挑戦についてみていく。そして、第三節では、今後の岡谷地域工業の海外直接進出と地域工業振興のあり方について考えてみたい。

一　岡谷地域工業の国際化の構図

海外への資本の移動を伴う直接進出と、資本の移動を伴わない間接進出の状況分析により、岡谷地域工業の国際化の構図を探ってみよう。直接進出は独資企業や合弁企業の現地法人の設立、現地法人への資本参加・買収といった事業形態を示す。間接進出は輸出入貿易、ライセシング（業務提携）、委託加工、支店・駐在員事務所の配置といった事業形態を示す。こうした視点からみると、岡谷地域工業の国際化には三つの特徴的な時代が観察される。

(1)　生糸輸出による間接進出

第一は、生糸輸出による間接進出の時代である。(1)一八五九（安政六）年の横浜開港を契機として、岡谷地域の製糸業は日本最大の生糸輸出生産地を形成していく。岡谷地域で最初の本格的な機械式製糸工場は、一八七四（明治七）年の中山社といわれ、後に発展し製糸業を中心とした財閥を形成する片倉組は、一八七八年、川岸村に創業した三二人の工場が発祥とされる。製糸業は明治、大正期に長足の発展を遂げ、一九三二（昭和七）年には二七五工場に達した。また、県外へも工場を展開し、三〇年には全国に四四工場を数えた。

そして、明治、大正期に工場の海外直接進出があったことに注目しなければならない。一八九四（明治二七）年に片倉組が三井物産上海支店とともに上海浦東に新設した製糸工場が最初の海外工場といわ

表6—1　岡谷地域工業の輸出動向

年	事業所数（件）	輸出総額（万円）	輸出比率（%）	仕向地別輸出比率（%）					
				北米	西欧	東アジア	中南米	中近東	その他
1964	—	342,440	11.8	35.9	28.2	20.5	—	—	—
66	—	551,589	14.4	36.5	16.1	32.5	—	—	—
68	—	807,680	15.9	37.1	18.5	37.5	—	—	—
70	—	880,709	11.4	—	—	—	—	—	—
72	—	1,550,770	16.8	26.0	33.2	24.1	—	—	—
74	—	1,874,655	15.1	27.8	33.3	21.5	—	—	—
76	—	3,240,266	22.1	25.0	37.1	16.0	6.9	—	—
78	25	3,727,359	19.6	—	—	—	—	—	—
80	33	5,326,185	26.6	30.6	34.9	18.3	4.8	4.1	7.3
81	27	5,980,370	28.1	33.1	36.7	14.7	5.6	4.3	5.6
82	25	3,004,250	15.9	20.7	26.8	26.9	4.3	11.6	9.7
83	26	3,343,126	16.6	23.4	24.0	24.5	2.6	11.0	14.5
84	28	2,955,791	13.6	29.5	22.3	18.3	2.8	12.6	14.5
85	26	3,336,629	13.8	32.5	26.8	13.6	1.9	8.4	16.8
86	29	3,194,609	14.6	36.2	27.7	17.4	1.6	3.0	14.1
87	28	2,179,592	12.4	30.5	25.1	16.6	4.2	2.1	21.5
88	23	2,538,415	9.7	—	—	—	—	—	—
89	29	3,889,119	14.3	35.2	37.5	21.8	0.8	0.9	3.8
90	28	4,402,393	15.1	35.5	34.4	21.1	5.7	0.9	2.4
91	29	3,869,244	13.3	18.6	27.1	34.3	8.0	1.7	10.3
92	30	5,418,408	18.9	27.5	17.8	38.0	5.9	1.5	9.3
93	29	4,639,950	18.0	29.5	21.8	31.3	6.0	1.0	10.4
94	28	5,768,542	21.7	35.8	24.1	28.9	4.3	0.6	6.3
95	32	2,451,295	8.8	17.4	17.4	45.2	7.9	5.5	6.6
96	33	2,690,005	11.1	14.7	15.5	36.6	7.8	4.9	20.5
97	30	2,455,136	9.4	17.2	13.4	38.6	9.4	2.6	18.8

注：輸出比率は、岡谷市工業の総製造品出荷額等に占める輸出総額の割合。—は、不明。
資料：岡谷市『岡谷の工業』各年版

れる。この工場は同年、日清戦争の勃発により操業間もなく閉鎖となったが、その後、片倉組は一九一六（大正五）年に山東省に青島工場、二年後には大邱（韓国）、一九二七（昭和二）年に京城府（ソウル）、翌年に全羅北道と咸興（北朝鮮）に工場を建設し、また山十組も大邱、平壌に工場を展開している。

日本の近代工業化の黎明期において、生糸輸出による外貨獲得の嚆矢となった岡谷地域の製糸工業は、その後の七〇余年にわたる欧米市場への間接進出の時代を築くとともに、日本の製造業の先頭を切って海外直接進出にも踏み出していたのである。

(2) 大手メーカーの製品輸出と海外直接進出

第二の時代は、製糸業に替わり成長した機械工業の間接進出（輸出）と、その後の工場の直接進出によってかたちづくられている。岡谷・諏訪地域の機械工業は、満留安機械工業、増沢工業、北沢工業、日東光学など地元資本の系譜をもつもの、軍需資本の疎開工場が精密機械工業に転化した田中ピストンリング（帝国ピストンリング）、高千穂製作所（オリンパス光学工業）、第二精工舎（セイコーエプソン）などがその基礎を築いた。また、これらの企業の従業員が独立創業し数多くの「納屋工場」が生まれた。北沢工業から独立創業した八洲精機製作所（ヤシカから、現、京セラ）、三協精機製作所などは地域の主要メーカーに成長したケースとして知られる。

六〇年代には、こうした企業の精密機械製品が輸出の主力となり、六四年の岡谷地域の輸出総額約三四・二億円のうち約二三・四億円（約六八％）を占めるまでになった。輸出が最も盛んであったのは七〇年代中盤から八〇年にかけてであり、総製造品出荷額等に占める輸出額比率は約二〇～三〇%近くに達した。輸出総額のピークは八一年の約五九八億円で欧米向けが約七〇%を占めた。その後、八五年のプラザ合意以降の急激な円高により輸出総額は半減するが、九〇年代に入り再び増加し、九四年には約五七七億円にまで復活した。九〇年代のアジア向け輸出は三〇～四〇%以上を占めており、大手メーカーの中国、東南アジアへの量産組立工場の直接進出に伴う部品、生産装置等の輸出の増大によるものとみられる。

この時期の地域工業の国際化の主軸は、大手メーカーの量産組立工場の直接進出であった。岡谷地域では京セラ長野岡谷工場が香港（光学機器、六七年）とブラジル（光学機器、七八年）、岡谷電機産業長野工場が台湾（回路部品、七四年）、沖電線がインドネシア（ワイヤーハーネス、九五年）、帝国ピストンリングが中国・安徽省（ピストンリング、九五年）に直接進出を図った。また、セイコーエプソン、三協精機製作所、オリンパス光学工業、日東光学など諏訪地域のメーカーも七〇～九〇年代中盤にかけて、盛んに東アジアへの直接進出を行っている。

(3)　中小機械工業の東アジア直接進出

九〇年代に入り状況は異なる様相を見せ始める。輸出総額がピークの半分以下に減少する中で、東アジアが主要な輸出仕向地として定着している。輸出総額の減少は九五年四月に一ドル七九円台にまで達した「超円高」によるドル建て輸出の為替差損による影響に加え、メーカーの海外量産組立工場がローカルコンテンツ（国産化）の比率を高め、日本からの部品輸入を絞り込んだことによるものであろう。

東アジアにメーカーの量産組立工場が大量に展開し、部品需要は大きいが現地供給力が足りないという状況の中で部品の現地調達率を高めることができたのは、日系中小機械工業の直接進出によるところが大きい。岡谷地域の中小機械工業の海外直接投資の動向をみれば、七〇年代に四件、八〇年代に一〇件、九〇年代に一七件を数え、九三、九四年の二年間に一二件が集中的に進出している。

東アジアに直接進出した中小機械工業は、量産組立工場の現地調達部品需要を吸収し、技術、素材等で現地工場が対応できない部分を日本本社工場がカバーしている。東アジアに発生する部品加工市場に直接進出した中小機械工業の総事業量は大きく膨らみ、日本本社工場の仕事も質を変えて拡大する可能性が開かれたのである。

そして、メーカーの量産組立工場では、第三国への製品輸出拠点の拡充を図りつつ、現地市場への参入、製品シリーズの多様化と高度化を進めている。それに伴い日系中小機械工業は部品供給力の充実、ローカライゼイション（現地化）による技術の蓄積、東アジア全域での部品供給・調達ネットワークへの対応などを求められている。このような中小機械工業の東アジア市場展開が、地域工業の国際化における第三の時代の焦点となっている。

二　東アジアに踏み出す中小機械工業

現在、東アジアに踏み出す中小機械工業の多くは、国内受注量の減少回避のため押出されて海外展開するというより、東アジアに発生している電気・電子部品や鈑金、プレス、切研削といった機械加工部品市場に参入するための意欲的、戦略的な海外展開に取り組んでいる。以下では、岡谷地域の中小機械工業の東アジア市場展開についてみていこう。

(1) 東アジア圏内での二次展開(TDS)

TDSは小型トランス用コイル巻線作業を行うため、一九六二年に創業した高橋製作所が母体である。六七年からDCソレノイド(アクチュエータの一種で電気エネルギーを回転あるいは直線運動に換える駆動源)の生産を開始し専業メーカーとしての体制を固めていく。八〇年に台湾、九三年にタイ、九四年に中国・広東省東莞市に工場を展開している。その後、台湾での合弁事業を解消し撤退するとともに、タイでの台湾パートナーとの合弁事業も解消して独資企業となっている。国内では秋田県の四社の別法人子会社を合併統合し、現在、国内二社、海外二社の生産体制となっている。

ソレノイドは音響・映像機器、OA機器を始め駆動源を必要とする製品、ユニットに多用される電気部品である。当社は国内生産の約三割を占め、ほとんどの大手メーカーとの取引がある。ソレノイドは製品としては成熟段階にあり、顧客ニーズに対応した用途開発が差別化のポイントとなっている。標準品による見込み生産の段階は終わり、一個〜一〇万個程度の受注生産が求められている。生産の完全自動化は難しく、ラインによる労働集約的な組立・配線工程が多くのウエイトを占めている。

こうした状況のもとで当社は、東アジア圏内での開発・生産・販売体制の構築に踏み出した。岡谷市本社では営業、開発・設計、生産管理、品質保証を担うとともに、製品メーカーの開発段階から関わるデザイン・インが課題となっている。今後、顧客へのソレノイドの応用提案機能を強めるとしている。

表6—2　岡谷地域中小機械工業の海外直接投資

企　業　名	進　出　先	進出年	事業形態	生　産　内　容
岡谷プレシジョン㈱	中国・広東省	1970	合弁	時計部品
㈲岡谷計器製作所	台湾	77	合弁	温度計、湿度計
㈱オサチ	中国・広東省	78	合弁	圧力計センサ
根本特殊化学㈱	香港	78	合弁	時計文字盤
ＴＤＳ㈱	台湾	80	合弁	ソレノイド
㈱サンエス・スケート	台湾	80	合弁	スケート用靴
㈱サンエス・スケート	スリランカ	84	合弁	スケート用靴
山本計器製造㈱	中国・北京	87	合弁	圧力計
春日精機㈱	中国・広東省	87	(委託)	音響機器
㈱ソーデナガノ	シンガポール	88	合弁	プレス金型・治工具
㈱サンエス・スケート	中国・黒龍江省	89	合弁	アイス・スケート
山本計器製造㈱	インドネシア	89	合弁	圧力計
㈱日本ピスコ	シンガポール	89	独資	空気圧機器
根本特殊化学㈱	ポルトガル	89	合弁	無機顔料
㈱日本ピスコ	台湾	92	合弁	空気圧機器
㈲岡谷計器製作所	中国・江蘇省	92	合弁	温度計、湿度計
小野ゴム工業㈱	マレーシア	93	独資	マグネットゴム
ＴＤＳ㈱	タイ	93	独資	ソレノイド
㈱諏訪機械製作所	シンガポール	93	独資	切削加工
マルヤス機械㈱	シンガポール	93	合弁	搬送機、省力機器
ＴＤＳ㈱	中国・広東省	94	(委託)	ソレノイド
㈱ソーデナガノ	マレーシア	94	独資	プレス加工、熱処理
共栄電工㈱	中国・広東省	94	—	切削加工
諏訪工材㈱	香港	94	独資	電磁遮蔽材加工
信越ハーネス㈱	中国	94	—	ワイヤーハーネス
㈱みくに工業	中国・広東省	94	—	時計部品、丸ピン加工
特智技研㈱	韓国	94	—	水処理装置
ミヤセイ	中国	94	—	—
㈱中島製作所	中国・広東省	95	合弁	プレス加工
㈱ソーデナガノ	インドネシア	97	合弁	プレス加工
山二発條㈱	インドネシア	99	独資	精密スプリング
㈱丸眞製作所	マレーシア	00	独資	金属熱処理

注：中国・広東省における委託加工は、香港の日本法人による事業展開とみられる。—は、不明。
資料：岡谷市資料、1999年

当社の初期の海外市場展開は、顧客の量産組立工場の現地部品調達の要求に対応するためであった。欧米の場合、当社の製品を仕様どおりに生産できるソレノイドメーカーが存立していたため委託生産が可能であった。しかし、東アジアの場合、現地企業への委託生産方式は加工技術、品質保証の面で採用しにくく直接進出することとした。

タイ現地法人の生産活動

当社のタイへの直接進出は台湾での合弁企業の二次展開である。台湾の個人投資家との合弁で当社が五一％を出資し高雄輸出加工区に進出した。その後、台湾の人件費の上昇と東アジアの市場拡大に対応するため、ＴＤＳと台湾合弁企業による二次合弁企業をバンコック郊外バンパコンにある「ＴＴＩ（台湾・泰工業団地）」に設立した。

タイ事業所は資本金二〇〇〇万バーツ、工場敷地六六〇〇平方メートル、工場面積五〇〇平方メートル、日本人二人を含め七八人の構成である。製品はタイ国内の日系企業およびマレーシア、シンガポール、欧米の顧客に供給している。タイ国内の主要顧客はキヤノンハイテク（アユタヤ・複写機）、ニスカ（アユタヤ・複写機の給紙装置）、沖データシステム、タイ・モリテックなどである。

ソレノイドを構成する主な部品は金物（鈑金、挽き物）、ボビン類（プラスチック成形品）、マグネットワイヤー、ハーネス、コネクターなどである。金物部品で特殊な処理を必要とするものは全量、秋田事業所から輸入している。ボビン類は金型を現地の日系成形メーカーに貸与し成形品を購入し、銅線の処理はローカル企業、ワイヤーハーネスは現地日系企業、コネクターは東アジア全域から調達している。

部品の外注・購買費が製造原価の約七割を占めるため現地調達を高めることが課題である。九六年時点の現地調達率は金額で約六〇%であるが、顧客の承認を得ながら八〇%に高めようとしている。シンガポール、マレーシアまで調達先を拡げるとかなりの部品の調達が可能である。しかし、輸送コストと品質保証面で不安があるため、タイ国内での調達を求めていく考えである。当社では労働コストの削減より、原材料費の圧縮が重要な課題となっており、この点、タイの立地条件は総合的に見て中国と較べ優位性があると判断している。

今後の事業展開と日本事業所との関係

今後の事業展開では、まず第一に、新規の顧客開拓を進めるとしている。当社ではこれまで音響、OA機器分野を主要なターゲットとしてきたが、今後、自動車電装分野を伸ばそうと考えている。キーロック、オートシートベルト、パワーウィンドゥなどのアクチュエータ需要を狙っていく。

第二に、日本事業所、中国事業所との新たな関係形成である。TDSグループでみると、タイと中国の生産拠点は海外顧客向け量産組立・配線(OUT・OUT)および日本国内向け半製品加工(OUT・IN)を担い、本社に対しては技術ロイヤリティを支払う関係にある。日本事業所は製品企画、開発に注力し、タイと中国の価格の安い方から半製品等を仕入れることになる。それぞれの事業所がグループ内での競争を通じて独自企業として利益を追求し、グループ全体として世界競争に対抗する力を備えようとしている。そうした中でタイ事業所の独自の存立基盤の構築が問われている。

日本事業所と海外事業所の関係を考える上で留意すべき点は、第一に、営業、開発、生産のすべてを日本事業所が担おうとするのは効果的ではないということだ。OUT・OUTの場合は現地の生産管理、顧客開拓に習熟している現地法人スタッフにまかせていくことが重要であろう。第二に、日本事業所からみれば、海外生産を深めていく製品群に独自のキーパーツや技術ノウハウを含ませておくことが重要である。当社では生産量の最低三割は日本国内に保持していくとし、それは開発、試作と生産技術を保持していくためのモデル生産ラインになるだろう。

タイ事業所は現地の企業になっていくことが重要である。進出した国、地域で長期的に存立していくためには、現地の事情にあわせた企業経営が不可欠である。当社の、台湾進出から始まり二〇年になる東アジア経験は、今回の通貨危機への対応も含めて中小機械工業の東アジアでのインターナショナル経営の一つのスタイルを示していくことになりそうだ。さらに東アジア経験を蓄積し、タイ企業としての存在を深めていくことが望まれる。それが日本事業所の存在基盤を強めていくことになると考えるからである。

(2) 完成された技術の東アジア展開(山二発條)

当社の企業成長の経緯は岡谷地域工業の発展と変遷を如実に体現しているようにみえる。創業は明治期に遡る。一八七六(明治一一)年に製糸業を営む山二笠原組を創業し製糸工業の成長とともに事業を拡大していく。一九四四年に軍需工場の清水発條が当社岡谷工場に疎開し、呉海軍工廠向けの銃、機雷用スプリングの生産を行った。

戦後、製糸業を再興するか、スプリング生産に転換するかの経営選択があり、岡谷工場ではスプリング生産に向かうこととした。四七年から重板バネ、シートバネ等の生産を開始し、朝鮮戦争にともなう米軍調達局からのジープ用シートバネ、ベッドのスプリングなどの受注を契機にスプリング専業メーカーとしての位置を確立した。国内自動車メーカーおよび富士電機（松本）、芝浦機械（松本）、三協精機製作所などの地元の小物バネ需要にも応えていった。

七〇年から精密バネの自動生産を開始し、徐々に小物・精密スプリング分野に展開していく。九五年には重板バネの生産を停止し、二四時間操業が可能な精密スプリング専門工場に建替えた。セイコーエプソンのプリンター開発にともなう精密バネ開発を担当し技術蓄積を図り、同時にOA・通信機器分野での精密バネ需要が拡大したことが「微細」「精密」を追求する契機となった。

事業経営の内容

当社は「引く」「押す」「ねじる」というバネの三要素と、それらを複合した「複合バネ」まで、あらゆる精密バネの製造・販売を行っている。例えば、メーカーでは新製品開発においてカスタム・スプリングが必要となる場合がある。当社では、これまで培ったスプリング生産技術（特に熱処理技術）により、メーカーの開発部門とともに設計段階から共同作業を行い、特注バネを製作している。メーカーの新製品にとって小さなバネの製造原価に占める割合は小さいものの、設計どおりに機能しなければ製品全体が機能せず、バネは重要な機械要素部品である。一個、数十銭から数円のバネのコストダウンを要求するよりも確実に機能が保障されることが重要なのである。

当社の主要製品は単価が一～二円で、生産ロットが百～千万個の製品である。もちろん、手作業による一個からの発注にも応じている。こうした生産体制を支えているのが独自の生産技術開発による専用機の存在である。既成のスプリング加工設備を購入し、社内で改造し独自の複合設備ユニットに作り変えている。こうした設備ユニットは、生産するスプリングの特性に応じて前工程の材料供給装置、主工程のスプリング加工装置、後工程の小型熱処理装置と計数カウンターがセットされる。一つの設備ユニットに製品毎の一貫生産ラインが集約されている。ユニットを構成する各装置には、これまで当社の培ってきたスプリング製造に関する技術ノウハウが込められており、それがさらに組み合わされて一つの完成された生産技術パッケージを作り上げているのである。ここに他社の追随を許さず、国際競争の中で独自の存立基盤を築いている背景がある。

素材メーカーに線材やフープ材を大きくボビン巻きにして供給してもらうことで二四時間のみならず、一〇日間を超える連続稼働を可能にした。今後「何時から何時に生産された製品か」を識別できるようにすることが課題となっている。この技術の確立によって不良発生に対する素早い対応と原因追究、これまでの製品一つ一つの品質管理から製品のロット管理が可能となる。こうした開発課題を乗り越えることにより、生産現場は女性オペレータ化していくと考え、生産工場のあり方、女性による営業展開などを想定した事業経営を模索している。

海外直接進出のねらい

成熟度を高めた機械要素部品市場において、専業メーカーとして完成度を高めた生産技術と生産管理体制を構築した当社の次の展開は、海外市場への直接進出である。当社は三協精機製作所との取引は長く、同社から海外生産を誘われていたが踏みとどまり、国内生産においても海外企業とコスト競争できる生産体制を構築することを優先事項として努力してきた。二四時間自動生産によって単価の五〇％ダウンにも対応するなど、品質、納期を維持しながら「世界一安く」製品を供給できる体制を創り上げた。

小さな精密スプリングの原材料費比率は約一〇％で、運賃負担力もあるので日本生産・海外間接進出が引き続き可能であるのだが、さらに事業を大きく展開するフィールドを確保するため海外直接進出に踏み出した。海外市場展開のコンセプトは「微細加工」である。例えば、直径二〇μのバネなどを追求していこうとしている。日本事業所では、微細なバネの熱処理技術や超精度を追求していくこととしている。東アジアでは単純な繰り返し生産で量が求められる巻きバネなどから取り組もうとしているが、ゆくゆくは「微細加工」の展開を考えている。

九九年からインドネシア・ジャカルタ郊外の「E・JIP工業団地」の貸工場に入居し、生産が軌道に乗ったところで自前の工場を構える予定である。同工業団地には、現地での製品開発までも見通した計画で進出しているセイコーエプソンのプリンター事業所ほか日系電機メーカーが立地し、また、ジャカルタ郊外には多くの日系量産組立工場が展開している。当社の事業にとっての当面の現地市場が成立している。

ジャカルタ工場は当初から岡谷工場と同じ技術、品質、管理水準を持つ工場にすることとしている。派遣する日本人二人は岡谷工場の新鋭設備（空調環境下の専用自動機）一〇台を一年間専門に担当し「自分のモノ」とした。さらに、インドネシア人一五人を岡谷工場で研修し、技術者と作業者と設備を「パッケージ」にして現地に配備している。国内での「モノづくり」を国際競争に充分対抗できるところまで高め、しっかりと人材養成を行ったところで海外市場での「モノづくり」に踏み出したのである。実に安定感のある海外事業展開への足取りである。

ジャカルタ工場の操業によって、岡谷工場の仕事は減少することとなる。この点、当社では折り込み済みのこととして、むしろ事業のフィールドを拡張することによる、さらに大きな事業の成立可能性に向かおうとしている。

直径二〇ミューの生糸のような細線を扱う女性オペレータと、自動化された生産設備を配置した二四時間生産工場は、当社が発祥した製糸業時代の技術追求が現在まで、そして未来に向けて確実に継承されているようにみえる。

(3) 経営者の世代交代と東アジア展開(小野ゴム工業)

小野ゴム工業は一九二四年に創業しモータリゼーションの到来に応じてタイヤ販売・修理を手がけるところからゴムの世界に入っていく。諏訪地方の製糸業から機械工業への構造転換に伴い産業用機械のコンベアベルトの接合、金属表面へのゴムライニング加工、各種工業用ゴム製品の製造へと展開し、さらにゴムマグネット「ポリマネット」の開発・製造・販売を行い、工業用ゴム素材およびゴムパーツメーカーへと転身してきた。

素材としてのゴムの種類や機能は多様であり、形状、加工法、複合化などにより、その用途は幅広い分野にわたっている。身近にある家電、OA機器などを子細に観察すれば、目立たないところに様々なゴム部品が用いられていることが気がつくだろう。そうした多様なゴムの用途を、当社は次の様な製品ジャンルに分類している。①精密加工製品の精度追求として、ゴムベルト、ゴムローラー、防振ゴム、ゴムプレス成型品など電子機器用部品、ＯＡ機器用部品、②高性能製品の機能追求として、フレキシブルゴム、マグネットゴム、吸着マグネット、電磁遮蔽シートなど磁性製品、難燃材料、③機器部品の効率追求として、コンベアベルト、ドライブプーリ、モータプーリ、ローラー、車輪、吸盤、ロボット用部品など流通機器用部品、自動化機器用部品である。

九三年にマレーシア・セランゴール州に独資企業のオノゴムマレーシアを設立している。マレーシアへの展開は次の二つの要因があった。第一には、日本での従業員の採用難である。ゴム工業は一般的に原材料の生ゴムをロールで練り合わせ、加硫・加熱する工程を経るため、熱、臭気、粉塵が発生する。ロール工程から切断、プレスなどの危険を伴う工程もあり、若年労働力の採用が困難な状況となっていた。当社では従業員の高齢化が進み生産に支障をきたしつつあったため、若年従業員採用が可能な海外に工場展開を図ったのである。

第二には、顧客の海外直接進出への対応である。当社の製品を用いる家電、ＯＡなどの大手メーカーや電子部品メーカーは七〇年代から東アジアに直接進出を始め、九〇年代に一気に進出を本格化したことから、先行きの国内受注の減少が明らかであると考えたからである。一時期、受注の約八割まで占めた三協精機製作所が七九年にマイクロモータを台湾の合弁企業に移管した際には、当社も台湾進出を検討した経緯がある。メーカーの第一期アジア展開時には踏みとどまったが、九〇年代の第二期東アジア展開でＡＳＥＡＮ、中国方面へ進出する動きを見て香港、中国・華南地域への進出を模索し、三協精機製作所駒ヶ根工場（マイクロモータ、サーボモータ）の引き合いでクアラルンプール周辺を検討することとなった。

クアラルンプール周辺には上海、深圳、バンコク周辺とともに電機、電子系の日系メーカーが集中進出している。現地調査をしてみたところ事の重大さに気がつき、九二年一二月にクアラルンプール近郊の工業団地の貸工場へ進出を決め、九三年三月に企業認可を得て現地法人を設立するという早業であった。

マレーシア現地法人の生産活動

マレーシア工場の敷地面積は約四〇〇〇平方メートル、工場延べ床面積は約二六〇〇平方メートル、生産設備は岡谷工場から一ラインを移設した。自社開発製品のフレキシブルゴムマグネット「ポリマネット」、ゴムローラ、ゴム成形品、ゴムライニング製品およびUL認定CRゴムコンパウンドを生産し、切断、プレス加工を行っている。原材料の生ゴムは保税扱いで、製品は完成品輸出を行うJVC、サンキョウプレシジョンマレーシア、日本サーボモータシンガポール、ソニー韓国、ソニーシンガポール、松下シンガポールなどへ出荷するとともに、岡谷本社へも輸出している。

マレーシア工場の生産規模は、かつて日本から供給していた顧客への現地供給と、これまで取引の無かった顧客への供給が始まることにより拡大している。海外生産と日本国内生産を合わせてみれば生産量は増加しているが、岡谷工場の生産量は半減している。

マレーシア事業所に関しては、マレーシアおよびシンガポールの顧客向けだけでは生産能力が余剰となるため、今後、タイ、ベトナム、ミャンマー等の日系メーカーへの営業開拓に入ろうとしている。

メーカーでは購買決定を日本サイドで行うことが多いので、日本での営業は以前にも増して広域化し、全国的範囲での取り組みが不可欠となっている。市場が拡大している東アジアで日系企業から受注するためには、海外生産拠点と日本拠点との連携プレーが必要であり、地域中小工業にインターナショナルな企業経営の感覚が求められているのである。

小野ゴム工業ではインターナショナル経営の基本フレームとして、クアラルンプール工場を大手現地顧客向けの量産拠点とし、岡谷工場は本社機能および全国営業、品質保証、製品開発、量産技術開発拠点としていく構えである。そうした中で海外量産拠点の経営は創業者である会長の経験が活かされ、これまで量産拠点としての性格が強かった岡谷工場での新しい経営スタイルを確立していくのが子息である現代表者の課題となっている。

会長夫婦はクアラルンプールに在住し、しっかりと腰を据えて企業経営に取り組んでいる。そして、後継者の現代表者が本社工場の機能転換に挑戦している。海外の事業所には後継者等、若手人材を配属し、日本本社には代表者がおり企業グループ全体の経営に采配をふるうという直接進出のスタイルが多いのだが、当社の場合、その逆のパターンとなっている。

社会・経済の仕組みを激しく変容させながら経済成長を追求している東アジアにおいて、ゼロから新規事業に取り組むような条件のとき、若手人材の柔軟性なるものに安易に期待し人材配置することはリスクが大きすぎるかもしれない。例えば「モノづくり」や社会・経済システムの仕組みが一定程度、安定している欧米、シンガポール、台湾、韓国などの事業環境に順応しながら自社のリズムを構築していくという場合には若手人材の柔軟性は貴重なものとなろう。一方、混沌性がまさる地域での事業立ち上げ段階では、日本の戦後経済復興期から高度成長期に企業経営を経験された世代の力量が活かされるように思える。

当社の一見、逆を行くように見える東アジアへの直接進出のスタイルは、日本の中小工業が海外の事業フィールドで新規に事業を立ち上げ軌道に乗せる初期段階の経営モデルとして考えて良い。

（マレーシア工場および岡谷本社でのヒアリングの際にお世話になった小野会長は、本稿執筆中にお亡くなりになられた。これまでのご教授に感謝するとともに謹んでご冥福をお祈り申し上げます）

(4) ＡＳＥＡＮネットワーク型事業の展開（ソーデナガノ）

当社は一九五五年に現代表者の父親が、農業の傍らカメラ部品のボール盤加工を手がけたところから始まる。ワイヤーカットを導入したことを契機にカメラ、弱電部品のプレス金型、プレス加工に展開した。その後、全国に販路を拡大しプレス金型、プレス加工専業メーカーとしての地歩を確立した。九二年にはにニューファクトリータイプの本社工場を建設し、第二工場と関連会社により国内生産体制を整えた。

当社はプレス技術開発型企業として、切削部品加工をプレス加工に置き換える技術開発により、コスト低減、高精度加工を実現している。例えば、ステンレス部品の複雑形状のプレス加工、真円度千分の五や歯高〇・二ミリ、歯ピッチ〇・五ミリの歯車のプレス加工、複雑三次元形状のプレス加工などの加工技術を確立してきた。

一方、こうした部品加工を要求する大手メーカーは、七〇年代から海外に量産組立工場を展開しており、当社の海外市場展開への取り組みも比較的早かった。シンガポール経済開発庁が開催した企業誘致説明会への参加を契機として、現地進出企業を見学し直接進出の感触を確かなものとした。八八年、シンガポールに合弁企業のソーデ・オプティク（プレススタンピング、簡易プレス型、金型メンテナンス）を設立する。

合弁企業の設立に続き九〇年には、キャノン協力会の若手メンバーと共に日系中小企業九社（プレス、切削、金型、プラスチック成形、銘板、表面処理、電装、組立）と台湾企業（銅線）による共同出資会社「ヘキサゴンテクノロジーズ」の設立に加わった。当初のねらいはキャノンの直接進出に先駆けて部品供給を準備しようというものであったが、キャノンは中国・大連に展開し、そのもくろみは成功しなかった。しかし、セイコーエプソン、チノン等からの発注があり、国内では参入しにくかった新規の顧客との取引につながったのは大きな成果であった。その後、九六年に共同出資会社は解散となったが、東アジア各地に展開した仲間の企業とは現在も付き合いがある。

ソーデナガノにとってシンガポール進出は、東アジアに展開したメーカーの量産組立工場にＦＤＤ部品やＨＤＤ部品を現地で供給するとともに、メーカーの国内事業所の新分野展開に関する仕事に関わる可能性が高まった点が重要である。また、バブル経済崩壊後、国内メーカー向けの受注は一時期半減したが、海外事業所向けのプレス金型等の受注により、落ち込みをカバーできたこともシンガポールに生産拠点を配置していたことによる効果が大きかった。

シンガポールに拠点を構えてみると、東アジアを巡る「モノづくり」の動向は急であることが理解され、九三年に東アジア事業のヘッドオフィスとしてソーデ・サウス・イーストアジア（ＳＥＡ）を設立する。引き続き九四年にプレス加工を行う独資企業のソーデ・ジョホール（SJB）をマレーシア・ジョホールバルに設立し、さらに、九七年にはインドネシア・ジャカルタに合弁企業パドマ・ソーデ・インドネシアを設立していく。

東アジア現地法人の活動

当社の最初の東アジアへの直接進出は合弁企業のソーデ・オプティクであり、同社は現在、シンガポール側の代表者に経営をまかせローカライゼーションを進めている。日本側はプレス技術のサポートに徹することとしている。

独資企業のソーデ・サウス・イーストアジアは、資本金一八〇万シンガポールドル、従業員四人（日本人二人）で輸出入コントロール、受発注伝票管理などソーデナガノの東アジア事業の統括機能を担っている。

同じく独資企業のソーデ・ジョホールは、設立当初、ジョホール州の工業団地内の貸工場に入居したが、二年後に、さらに内陸に約一万二〇〇〇平方メートルの用地を購入し自社工場を建設した。マレーシア政府の工業誘致方針は、今後はプレス加工のみの進出はサバ州やサラワク州へ誘導し、ジョホール州には誘致制限を行うこととしている。金型・治工具などの技術移転や加工技術の訓練機能を合わせて備えることを求めており、当社も精密プレス加工の拠点工場として技術移転を進める構えである。プレス機を始め、金型製作・修理用フライス盤、研削盤、細孔放電加工機、ワイヤーカット放電加工機、CAD、三次元測定器など検査測定機器一式を装備し、腰を据えた生産体制を構築している。従業員の技術蓄積など長期目標をもって「モノづくり」に取り組む社風形成に努力している。

主要顧客はマレーシア、シンガポール、インドネシア、タイなどASEAN地域全域に拡がっている。例えば、HDD部品では日本IBM藤沢事業所が展開したタイ事業所、東芝のシンガポール事業所、マレーシア事業所、松下寿電気のシンガポール事業所など、カメラ部品ではスタンレー電機のタイ事業所(使い捨てカメラのストロボ金物)、ミノルタのマレーシア事業所(カメラ部品、複写機部品)、キャノンのマレーシア事業所(カメラ部品)、モータ部品では、セイコーエプソン(マイクロモータ、プリンタ部品)などである。

東アジア直接進出と日本事業所の位置

東アジア市場展開ではソーデ・サウス・イーストアジアをヘッドオフィスとし、ソーデ・ジョホールではHDD部品など要求精度が高く、メッキ、研磨などの後処理を必要とするプレス加工を担い、パドマ・ソーデ・インドネシアでは手馴れた音響、映像分野の量産プレス加工を行っていくこととしている。東アジアに発生するプレス加工部品の要求技術水準と付加価値率をすりあわせ、関連加工機能との関係、納期とのバランスをにらみながら受注、外注、アフターサービスをコントロールしている。

東アジアで量産し国際市場に供給する製品の部品発注は、日本の購買・調達部門で決定されることが多い。東アジアでの量産を前提とした製品の設計、試作、量産試作は日本で行われるため、ソーデナガノの岡谷本社は東アジアに生産事業所を配置していることを前提にして日本で営業し、試作、量産試作を行い東アジアでの量産につなげている。岡谷本社と本社工場の役割は、海外での量産製品の開発段階から部品試作に関わり、量産試作、金型製作を受注すること、加工精度、加工スピード等で常にトップレベルの加工技術を開発し、その技術を用いた生産体制を更新していくことにある。日本事業所の技術開発、技術保証機能のウエイトがますます大きくなっていくということである。技術面での保証があって、発注側は東アジアでの量産を前提とした仕事の発注を行うのである。

東アジアの生産拠点では、現地での量産部品加工を引き受け納入実績を蓄積していく。それにより、東アジアで同種の製品（例えば、ＨＤＤやＦＤＤなど）を生産している量産組立工場間での部品調達情報、外注企業情報のプラットフォームに乗り、その情報が日本本社や購買・調達部門に伝わることになる。現地での納入実績情報は、受発注を固定化していた系列的な枠組みを突き崩し、新規顧客の開拓につながっていく。

このように、従来、岡谷地域にあって地元のメーカーからの受注を意識していた加工業が、全国、世界のメーカーとの新たな取引関係を開設するチャンスを得ることになった。地域の中小機械工業が東アジア市場展開において強く意識し求めて行くことは、こうした東アジアを事業フィールドとした顧客の拡がりを創り出すことにある。そして、東アジアを事業フィールドとする企業経営においては、円とドルや現地通貨の為替変動をにらみながら、日本で行う仕事と東アジアで行う仕事を総合的に判断し振りわけ、加工単価や技術単価を自社で決めることが重要であろう。中小機械工業経営者に新たなインターナショナル経営能力が求められているのである。

三　海外市場展開と地域工業振興

以上のように、わが国の近代工業化の歩みの中で岡谷地域工業は、最も早くから間接進出、直接進出に取り組み、これまで百年を超える海外市場展開の経験を蓄積している。そして現在、岡谷地域の中小機械工業の海外直接進出が、第三の国際化の時代を創り出している。そうしたなかで、地域の中小企業自身および、彼らの活動を応援する地域産業行政が、今後の地域工業振興に取り組む上で重要と考える姿勢と認識について示してみたい。

(1)　地域産業政策における直接進出の位置付け

地域産業政策において地域中小企業の海外直接進出の取り組みを、さらに積極的に位置付け応援していくことが重要である。一時期、企業の直接進出は地域の「モノづくり」の空洞化をもたらすとして、地域産業行政が、その取り組みを応援することに否定的な姿勢があった。現在はどうか。否定はせず、積極的な応援もない、とりあえずニュートラルな姿勢にあるようにみえる。そうした状態は、地域工業振興において地域中小企業の直接進出がもつ意味が未だ充分に共通の理解にまで深まっていないからではないかと思う。

これまで、岡谷地域では輸出という間接進出が主要な海外市場展開であり、それを促進することは積極的に受け入れられるものであった。ところが、数値的にも観察されるように輸出主導だけの地域経済は成立しにくくなっていくことは明らかである。岡谷地域の経済活動のさらなる開放を促進し、インターナショナルなヒト、モノ、資本、情報が活発に直接交錯しやすい環境を創り出していくことが必要である。地域中小企業の直接進出に対するニュートラルな姿勢は、今日では地域を「閉じている」ことにもつながる。地域を「開いていく」ことは積極的に意識しなければもたらされないのである。そして、地域を「開いていく」重要な存在として、海外直接進出企業を位置付けていくことが必要である。

直接進出している地域中小企業は、岡谷地域工業の中で一部の存在であるのだが「輸出型日本企業」から「インターナショナル経営型地域企業」を目指して東アジアに踏み出している企業である。その取り組みが確実に進展することによって、岡谷本社や岡谷工場の新たな存在意義が明らかにされることとなろう。彼らは日本国内生産体制に安住することなく、また、地域から根を抜くことなく、一旦「懐を開いて」東アジアの事業フィールドに自社の事業を位置付け直そうとしているのである。彼らの取り組みを通じて異なる視点からの「モノづくり」情報や事業経営センスなどの刺激が岡谷地域工業にもたらされ、さらに新たな事業活動が輩出するといった地域工業振興のリズムを創りだすことが期待される。

例えば、メカニクス分野におけるマイクロ技術の追求は岡谷地域工業の重要な一つの技術テーマである。「精密小物量産」から「微細工業（マイクロ工業）」へ転身していくという道筋は、少なからぬ企業にとって選択しやすい挑戦方向であろう。重要な点は、その新たな技術挑戦と技術成果を「どの事業フィールドで活かしていくのか」という経営戦略である。おそらく、その事業フィールドは、かつてのように親企業を通じた海外市場への間接進出ではなく、自らが直接進出する海外市場であるはずだ。

地域中小企業の海外直接進出を積極的に位置付け、彼らを応援することは、当面早急に期待される地域産業政策の姿勢である。同時に、地域中小企業の直接進出の意味を深く理解するために、その深層に横たわる岡谷地域工業の外に向かう「モノづくりの風土」を再認識する知的作業が重要である。

岡谷地域の中小機械工業は「なぜ、東アジアに踏み出すのか」と問われるならば、本章の分析視点からは「東アジアに発生する部品市場に参画するため」という解答が提出される。そうした理解は地域中小企業の経済行動の側面を分析することにより得られたものである。あわせて、岡谷地域には直接進出する地域中小企業の経済行動を根底で規定する地域独特の「風土」があると考え、それを再認識することにより、地域中小企業の直接進出の意味を、さらに深く理解できると思う。

(2) 外に向かう「モノづくりの風土」の再認識

我々が岡谷地域工業の海外市場展開について比較的、鮮明に理解していることがらは、戦後期以降の概ね半世紀の経験に基づくものであろう。しかし、そうした一時期の経験をもとにして、地域工業の海外市場展開の理由や現状を分析し今後の動向を探ることは、岡谷地域工業を一面的な理解にとどめてしまう懸念がある。岡谷地域工業の海外市場展開の深層を理解するためには、製糸工業において一時代の全盛を築いた地域経験と、今日まで「モノづくり」を継承し、その過程で醸成されてきた外に向かう「モノづくりの風土」の再認識作業が必要なのである。

そうした歴史的な地域経験に培われた「モノづくりの風土」の理解を深め、今日の第三の国際化の時代と中小機械工業の直接進出を改めて捉え直せば、直接進出は限られた企業の特別な行動なのではなく、岡谷地域工業が共通して備えている潜在的な遺伝子が、その企業の経営のタイミングと合致し発現したものであると理解することができる。現在、直接進出という目に見える行動を示していない地域中小企業にあっても、外に向かう遺伝子が息づいているのである。

岡谷地域工業は、新興の工業地域が求めても得られない「モノづくり」の厚い歴史過程で蓄積された確固たる「風土」を備えている。「風土の現象は人間の自己了解の仕方である」[2]といわれるように、岡谷地域工業の外に向かう「モノづくりの風土」を再認識する作業は、自社および地域自身の独自性を理解することにつながる。地域中小企業と地域産業行政には、外に向かう遺伝子を岡谷地域工業の独自の個性として最大限に発揮していくことを期待したい。

岡谷地域工業の直接進出は「押し出され」「引きずり出された」他律的な帰結ではなく、地域社会に埋め込まれた外に向かう「モノづくりの風土」から、自律的に発揚した現象なのである。そして、地域経済の視点からみれば、地域工業の国際化の第三の時代が開かれ、地域中小企業の海外直接進出のタイミングが巡ってきているように思える。この期に岡谷地域の「モノづくりの風土」をしっかりと見つめ直し評価して、東アジアの事業フィールドに意欲的に踏み出していって欲しい。

（1）岡谷地域製糸業の発祥から太平洋戦争終結までの状況については『岡谷市史（中巻）』岡谷市、一九七六年、に詳しい。
（2）和辻哲郎『風土　人間学的考察』岩波書店、一九三五年

第七章　岡谷地域における中小企業ネットワーク

これまでの章でみてきたように、岡谷地域では、大手精密機械メーカーによる海外への生産移転が七〇年代から推し進められ、大企業を頂点とする量産型生産システムは、他地域に先駆ける形で崩壊した。カメラや時計の生産を海外へ移管した大手メーカーの国内工場は、エレクトロニクス関連機器などの新事業分野に転換されたが、そうした事業分野でも八五年のプラザ合意後の円高を契機に、量産部門の海外生産が進み、地元大手メーカーから域内の中小加工業者に発注される仕事量は激減した。同地域の中小企業は自らの存続や発展をかけ、多様な組織との新しい関係を構築する必要に迫られていく。

だがその一方で、七〇年代以降は、市場ニーズの多様化や情報通信技術の発達などにより、専門化した中小企業が、自立的な経済主体となりうる可能性が高まった時代でもある。北イタリアの繊維産業や、米国シリコンバレーの情報通信産業の国際的成功によって、中小企業の多様性と柔軟性が高く評価され、そうした中小企業のネットワークが、新しい生産システムとして注目されるようになった(1)。

もっとも、一概にネットワークといっても、人的なネットワークと情報通信のネットワーク、企業内ネットワークと企業間ネットワーク、垂直型ネットワークと水平型ネットワークなど、人によって様々なネットワークがイメージされ、それぞれの視点から多様な議論が展開されている(2)。ネットワークを広義にとらえれば、メンバーの役割や目標が固定的かつ継続的なネットワーク（例えば系列）まで含まれるが、一般的には、従来の伝統的階層組織の限界を超えるための組織としてみられることが多い。この場合には、日本の下請分業構造でみられるような長期安定的な垂直型ネットワークは含めずに、ネットワークの目標や機能などがメンバーの相互関係の中から流動的に決まっていくような緩やかなものがネットワークと呼ばれている。

また、ネットワークがなぜ生成され、発展していくのかを説明する分析アプローチも多岐に及ぶ。(3)組織の存続には、資源を保有する他組織に依存する必要があるという資源依存型アプローチに加え、単なる交換を超えた共同行動や共同適応によって、なにか新しい価値を創造する、あるいは、自らの正当性や行動の妥当性を保障するために展開する、といった見解も存在する。分析対象も、ネットワークに参画する個別組織なのか、それともそうした組織の集合体であるネットワーク全体なのかといった違いが認められる。

このように、ネットワークに対する概念もその分析アプローチも多様であるが、本章では、域内完結型の下請分業構造の崩壊に伴い、それを補完する形で岡谷地域に誕生した中小企業ネットワークを取り上げる。そうしたネットワークの全体構造や機能、発展プロセスなどを検討したうえで、個々のネットワークが、メンバー企業や他の組織、そして地域社会にどのような影響を及ぼしていったかもみていく。

一　中小企業ネットワークの概要

岡谷地域に存在する主要なネットワークを整理したのが、表7―1である。(4)八〇年代までは、岡谷市

表7—1　岡谷市内の主要な中小企業ネットワーク

グループ名	発足	企業数	事務局	概要
協同組合ハイコープ	1989	250（うち市内33）	理事長：永田暢男	異業種交流、組合員間ビジネスの引き合わせ、研究開発、受注開拓、福利厚生等の事業を行う。岡谷市の精密電子技術を持つ企業を核に、関東一円に拡大中。
ＮＩＯＭ	1990	（うち市内10）	㈱ソーデナガノ	グループ12社の総合力を結集して共同営業や共同受注を展開。国内だけでなく、シンガポール、マレーシアを生産販売拠点にして、ハイテク部品を納入している。
諏訪バーチャル工業団地	1995	150	リーダー：大橋俊夫	電子ネットワーク時代のモノ作りや中小企業関係を模索するのが狙い。1994年に結成した「インダストリーウェブ研究会」がインターネット上に立ち上げた。
ＮＥＸＴ（岡谷市次世代経営者研究会）	1994	16	岡谷市工業振興課	次世代の経営者及び経営幹部の育成が目的。他地域の後継者との交流や海外視察、インターネット研究などに取り組んでいる。
精密鋳造グループ	1994	5	㈲吉見鋳造所	岡谷市工業活性化企業研究会の第１号として発足。鋳物の生産がアジアに移行していく中で、多品種少量生産ニーズに即した精密機械鋳造技術の開発を目指す。
ＤＯＯＭ		10	㈲関本木型製作所	木型、鋳物加工、組立、板金、プラスチック（金型、成形）、工作機械販売、電子機器製造の各業者が個々に営業しながら、ＤＯＯＭとしてグループ受注する。

資料：ホームページ『岡谷市企業ガイド2000』（http://www.city.okaya.nagano.jp/cdrom/）とヒヤリングにより作成

表面処理工業会、岡谷市電気工業会といった同業種の業界団体が主流であったが、九〇年前後から、異業種のネットワークが相次いで形成された。

協同組合ハイコープは、精密機械関連の中小企業五社が七八年に結成したグループが核となり、八九年に発足した。異業種交流活動を主たる目的とし、組合員は関東一円にまで広がり、その数は二五〇社にのぼる。

同じ民間企業主導型でありながら、岡谷地域でまとまったネットワークとしては、インダストリーウェブ研究会（諏訪バーチャル工業団地）とＮＩＯＭ（ニオム、New Industrial Okaya Members）がある。

インダストリーウェブ研究会は、機械工具専門商社の二代目である大橋俊夫氏がイニシアティブをとって九四年に立ち上げたもので、モノづくりに関わる友人らと結成した「諏訪湖電走会」が母体となっている。「諏訪湖電走会」は、岡谷地域の技術を生かして電気自動車を作り、製造業を活性化するのが狙いであったが、リーダーの大橋氏が、インターネットという新しい情報通信技術の可能性に着目したのがきっかけとなって、電子ネットワーク時代の製造業のあり方や中小企業同士の新しい関係が検討され始めた。九六年には、約一三〇の企業があたかも一つの企業体であるかのように連携した「諏訪バーチャル工業団地」をホームページ上に立ち上げた。参加企業の情報を公開し、岡谷地域のモノづくり技術を内外に発信するとともに、メーリングリストなどを使って情報の交換や共有を進めてきた。

大橋氏はさらに、インダストリーウェブ研究会を発展させる形で二〇〇〇年四月、株式会社インダストリーネットワークを設立した。既存の産業集積が保有する技術革新や信頼、評価の仕組みの上に、情報通信技術の網を重ね、新しいモノ作りの仕組みを実現するのが目的である。

岡谷地域では、協同組合ハイコープ、インダストリーウェブ研究会、それに、次節以降で取り上げるＮＩＯＭ、市役所といったネットワークや組織が折り重なるようにしながら、様々な試みを行っている点に最大の特徴がある。

二　加工業者のネットワーク「ＮＩＯＭ」

ＮＩＯＭについてはしばしば紹介されているが、必ずしもその全体像が把握されているわけではない。中沢孝夫氏の『中小企業新時代』（岩波書店、一九九八年）は、メンバー企業に焦点があてられ、ＮＩＯＭそのものについてはほとんど言及されていない。財団法人・機械振興協会経済研究所の『機械産業が農村周辺地域との連携を通じて発展するための方策に関する調査報告書』（一九九八年）は、「共同営業グループ」と認識し、関満博氏の『空洞化を超えて』（日本経済新聞社、一九九七年）では、アジアでのビジネスチャンスをにらんだ『海外雄飛型中小企業』グループとして描かれている。しかし、サロン型の異業種交流グループとも、強い目的志向型の共同事業グループとも言い切れないのが、ＮＩＯＭなのである。

(1)　ＮＩＯＭの概要

結成の経緯

ＮＩＯＭは、専門加工業者一二社で構成する企業の任意グループで、九〇年に設立された。八〇年代から展示会や見本市に個別出展していた精密プレス業者のソーデナガノ社長が、岡谷青年会議所の中で懇意にしているメンバーに共同出展や海外展開の協力を呼びかけたのがきっかけである。当初九社でスタートし、その後三社が加わった。近隣市町の企業も参加しており、現在岡谷市内の企業は一〇社である。明確な参加資格があるわけではないが、メンバーは固定的かつ限定的である。

構成メンバーの特徴

参加している経営者の大半は二代目で、平均年齢も四〇歳代後半と若い。リーダーで最年長のソーデナガノ社長が五三歳（四七年生まれ）である。地元では、岡谷地域の産業界を支える第二世代の集まりとして捉えられている。

表7―2は、メンバー企業の概要を整理したものである。まず、従業員三〇人から一〇〇人の企業が目立つ。ＮＩＯＭ全体としてみれば、従業員数五〇〇人以上の中堅企業に匹敵するパワーを内在させている。

第二に、高い技術力を持った、単独で自立的に存在しうる企業が集まっている。精密板金加工の平出精密は、国内でも傑出した加工精度を誇り、しかも、単品の試作品から量産までを手がける。丸眞製作所は、イオンプレーティングや真空といった難度の高い熱処理技術を保有し、その設備、処理能力とも全国トップクラスである。個々の企業の主要取引先に、日本を代表する大手メーカーがずらりと並んでいることからも、その技術レベルの高さがうかがえるだろう。

バー企業の概要

主要取引先の一例	ＮＩＯＭ以外の主な加入組織
日本ＩＢＭ、日本ピスコ、富士写真フィルム	諏訪、インター、後継者連絡会
三協精機、日本サーボ、台湾天龍	諏訪、インター、後継者連絡会、ハイコープ、日本ボンド
石川島播磨重工、川崎重工、ニチコン	インター
セイコーエプソン、チノン、三協精機	インター、ハイコープ、日本金属プレス
	諏訪、インター、後継者連絡会
セイコーエプソン、京セラ、三協精機	インター、後継者連絡会
オリンパス、京セラオプティック、ニコン	インター、ハイコープ
ニューテック、システムクリエイト、パワー	諏訪、インター
沖電気、オリンパス、キャノン、京セラ	諏訪、インター、後継者連絡会、ハイコープ、精密部品製造
オリンパス、東芝タンガロイ、三協精機	諏訪、インター、後継者連絡会、ハイコープ、精密鋳造グループ、日本熱処理
富士通、松下電子部品、双葉電子工業	後継者連絡会

連絡会は長野県中小企業後継者連絡会、ハイコープは協同組合ハイコープ、日本ボンドは日本ボン
造エンジニアリング研究会、日本熱処理は、日本金属熱処理工業会の略。
nagano.jp/cdrom/）及びヒヤリングにより作成

第三には、メンバー企業の得意分野が異なり、全体としてみれば補完関係にある点が注目される。事業領域が異なるため、協力関係を構築しやすい状況が生まれており、個々のメンバーは、極めて対等な関係にある。

組織の運営方法と活動状況

ＮＩＯＭは任意組織で、行政機関などの関与は一切ない。事務局が、ソーデナガノの本社内にあり、同社の常務が事務局長を務めている。組織運営費として、一社あたり年会費として二四万円を徴収しているが、費用の大半は見本市などへの共同出展に使われている。

ＮＩＯＭは自らを「技術提携企業体」と称し、そのホームページやパン

表7—2　NIOMのメン

企業名	創業	資本金（万円）	売上高（億円）	社員	業種
㈱ソーデナガノ	1963	8000	24	90	精密プレスの金型と加工
小野ゴム工業㈱	1923	2000	7	50	工業用ゴム商品
㈱小野製作所	1953	2640	7	40	航空機器用治工具、部品
㈱小松プレシジョン	1960	2500	15	65	精密プレスの金型と加工
㈱諏訪機械製作所	1953	2000	10	46	光学機器の部品加工
㈱中外商工	1966	2160	25	31	高分子材料の販売
㈱永田製作所	1954	1000		50	光学用専用機、治工具
㈲日拓精工	1980	300		7	コンピュータ周辺機器
㈱平出精密	1964	2400	13	59	精密板金
㈱丸眞製作所	1949	3000	15	86	熱処理
㈱エール（塩尻市）	1977	1000		25	電子回路設計
㈱荻窪金型製作所（池田町）	1962	1000		25	半導体用金型

注：諏訪は、諏訪バーチャル工業団地、インターは、インターネット高度利用研究会、後継者
ド磁石工業協会、日本金属プレスは日本金属プレス工業協会、精密部品製造は精密部品製
資料：会社のホームページと市のホームページ『岡谷市企業ガイド2000』(http://www.city.okaya.

フレットで、「一社だけでは対応し難い加工精度や複雑多岐にわたる工程を、グループ一二社の高度な設備や素材供給能力によって対応する」と紹介している。しかしながら、その活動範囲は極めて広い。

第一にあげられる活動は、連携による営業機能の強化である。見本市などへの共同出展のほか、企業が個々に営業する過程で他のメンバー企業を売り込んだり、メンバー企業同士が相互に仕事先を紹介しあったりしている。例えば、航空機器用治工具の小野製作所が最近取引を開始した京都の印刷機メーカーは、平出精密の仲介による。企業グループとして一括受注を目指すというよりも、各社独自の営業網を相互に活用しあっている形態といえる。

各企業が保有する国内外の拠点が、その企業を含む全メンバーの営業窓口となって、各社の技術力を売り込んでおり、単独であれば一社あたり一しかない営業力が、連携によって何倍にも拡大される仕組みである。ＮＩＯＭでは、あくまで個々の企業が主体であり、共同出展の会場でも各社独自の営業活動が求められている。

第二に、実際のモノ作りにおける協力体制がある。ＮＩＯＭがパンフレットなどに掲げている活動で、ソーデナガノが受注した部品加工のうち、熱処理をメンバーの丸真製作所に依頼するといったケースが想定される。一社だけでは対応できない加工や工程を、グループ一二社の総合力で対応する。ただし、その関係は極めて緩やかである。仕事を受注した企業は、その仕事内容に応じて最適のメンバーをグループの内外から集めてくる。ＮＩＯＭのメンバーだからといって、常に仕事が回ってくるわけではない。

第三が、経営者相互の情報交換である。ソーデナガノの本社で開かれる例会には、各社の経営者が集まり、市場動向や技術情報をぶつけあう。就業規則や賃金、資金調達などのノウハウも議論される。多様な意見が交錯することによって、単なる情報交換にとどまらず、新しい知識が創造されることも少なくない。個々の社長から見れば、多数の社外重役を交えて、自社の経営戦略を議論する場にもなる。市場動向や経営ノウハウなどの意見交換が、将来に対する不安や不確実性を減少させてくれる。

このほか、九〇年代前半の東南アジア展開にあたっては、ＮＩＯＭ内の先に進出した企業が、新規に進出する企業に、現地情報やノウハウなどを提供するといった協力が行われた。現在、ソーデナガノ、中外商工、小野ゴム工業、エールの四社がシンガポール、マレーシアなどに生産拠点を構えている。

(2) NIOMの魅力

仲間との濃厚な対話

では、こうした活動に参加してきたメンバー企業は、NIOMのどこに魅力を感じているのだろうか。第一の魅力としては、価値観や志を共有する仲間との親密な対話があげられる。というのも、NIOMでは、社長の個人的つながりが基盤となっており、例会などへの代理出席は行われていない。NIOMは、企業という組織の連携ではなく、企業者のネットワークなのである。

参加し続けている理由として、小野製作所の社長は、「気心が知れているので何でも話せる」「年齢が比較的近く、同じ地域で仕事をしている経営者なので、メンバーの話を自分の体験として受け止め、考えることができる」「いろいろなアイデアをぶつけ、メンバーの意見を聞きながら、自社の進むべき方向性を探っている」と語っている。また、平出精密の社長によれば、「尊敬しあえる仲間だから、ビジネス上の付き合いが続く」とのことである。

NIOMを理解する一つのキーワードともいえるのが、この「強い仲間意識」だろう。経営者としての悩みや不安を、心置きなく自由に話せるのは、利害関係がなく、多くの経験を共有する仲間だからこそであり、仲間の体験に根ざした泥臭いアドバイスは、極めて実践的で信頼できるものとみなされる。経営コンサルタントのような専門家との付き合いでは、決して得ることができない心のふれあいも求められる。そこは、孤独な経営者が、安心して感情を表出できる極めて貴重な場であり、仲間からの叱咤激励や助言、賛同は、難問に直面し、くじけそうになる経営者を元気づけ、新しいことに挑戦する勇気をもたらすことになる。各事業分野でトップクラスの企業が集まっているため、メンバー企業はお互いをライバルとして意識し、切磋琢磨するという好循環も生まれている。中小企業ネットワークでは、経営資源へのアクセスや創発性へ関心が集まりがちであるが、自己の存在や可能性を確認できるという経営者の心理的側面も、大きな利点と考えられる。

ところで、ＮＩＯＭの参加メンバーは、一二社とかなり少ないが、仲間と深い対話を行うには、メンバーの顔ぶれがある程度固定され、信頼関係が構築されていなければならない。ＮＩＯＭにおいては、加工業者の二代目経営者で年齢が近いといった参加者個人の属性に加え、彼らが代表を務める企業同士が、ビジネス上補完関係にあり、企業規模もよく似ているという状況が、強い仲間意識の醸成やネットワークとしての凝集性につながっているようである。

アイデアの創出と実践

第二の魅力には、その活動の多様性や柔軟性がある。ＮＩＯＭは、共同受注グループ、共同開発グループといった特定の目的志向型ネットワークではない。その活動領域は、幅広く、時間とともに変動してきている。もちろん、ＮＩＯＭのメンバーは、営業活動や生産活動で協業し、その結果として得られる経済的便益を享受している。だが、彼らが最も重視しているのは、加工されていない最新の現場情報を飛び交わせ、その解釈を巡って議論を繰り広げる「場」としてＮＩＯＭであるようにみえる。営業や生産面での協業は、「場」での議論をもとに生まれた一つの共同戦略にすぎず、経済環境が変化すればメンバー間の協業も現在とは違う形態をとりうると推定されるのである。

一例をあげれば、ＮＩＯＭは昨年、株式会社ニオムネットを立ち上げた。情報通信技術の急速な発展を踏まえ、「ＩＴビジネス」の可能性を模索、検討しながら、本業を活性化するのが狙いである。大企業の技術者ＯＢなどが中小製造業の技術力をランク付けしてネット上で公表する技術評価事業と、国内の企業が海外に保有する別荘やリゾート施設などを企業ＯＢらに斡旋する事業を当面の柱にすえている。

このようにＮＩＯＭでは、必要に応じて新たな事業が次々と展開されていく。ＮＩＯＭの実体がとらえがたく、その活動が多岐に及ぶのは、ＮＩＯＭが多様な情報を加工し、新しいアイデアを生み出すともに、共同で取り組めるものについては、どんどん実践に移しているグループだからといえる。

(3) 魅力の源泉――ネットワークの重層性

少数メンバーが強い絆で結びついているＮＩＯＭでは、さきに見たように、特定文脈下での濃密な会話や共通アイデアの事業化といった面で、優れた機能を発揮している。各メンバーは、フェイス・ツウ・フェイスの関係を維持できる空間で事業を展開しており、そこには強い信頼関係、仲間意識がある。だが、その一方で、同質メンバーの閉じられた関係からは、異質なアイデアやざん新な発想が生まれにくいというジレンマを抱えている。

そうしたパラドックスの中で、ＮＩＯＭがマンネリ化した仲良しクラブに陥っていないのは、各メンバーがＮＩＯＭ以外の多様なネットワークを通じて獲得した情報やノウハウを、ＮＩＯＭに持ち込んできているからである。

表７―２からも明らかなように、ＮＩＯＭのメンバー企業は、協同組合ハイコープ、諏訪バーチャル

工業団地など、他の中小企業ネットワークにも積極的に参加している。平出精密が加入している精密部品製造エンジニアリング研究会は、㈶長野県テクノハイランド開発機構・諏訪テクノレイクサイド支部が九六年から主宰しているもので、山梨大学工学部の小野田義富教授を座長に、塑性技術を研究している。

通常のビジネス取引による情報も、質、量ともにレベルの高いものであると推定される。セイコーエプソン、オリンパス光学工業、三協精機製作所といった地元大企業はもちろん、日本ＩＢＭ、石川島播磨重工など他府県にも広がりを見せている。ＮＩＯＭ全体としてみた場合、きわめて広範囲な地域や業界、組織とつながっていることがわかる。そうしたつながりは、新しい製造技術や生産管理技術、経営ノウハウの蓄積にとどまらず、新しい市場の存在や新しいビジネスモデルを認識する機会にもつながっていく。

各メンバーに卓越した情報収集力があるからこそ、彼らが集まるＮＩＯＭという場は、常に新鮮であり、新しい可能性を模索することができるのである。ＮＩＯＭそのものは閉鎖的なネットワークだが、メンバーが他地域や他業種の企業、組織と多様な関係を構築しているがゆえに、思いがけない情報がＮＩＯＭに持ち込まれ、ＮＩＯＭのメンバーが置かれている文脈に沿って、再解釈されることになる。各メンバーは、多様な意見やアイデアが獲得できる浅く広いネットワークをはりめぐらしながら、そこで獲得した情報の解釈や意味付けに、共通性を持った仲間との深い対話ができるＮＩＯＭを活用しているともいえる。

(4) メンバー企業にとっての具体的成果

ＮＩＯＭにどのような意義を見出し、いかに活用するかによって、同じメンバー企業でもその満足度や成果は異なるであろうが、一社も退出した企業がなく、活発な活動が続いていることから、メンバー企業の満足度はかなり高いと思われる。

取引先や業績を指標としても、ＮＩＯＭ結成によるメリットは決して小さくない。例えば、リーダー企業のソーデナガノではいまや、域外企業からの受注が主流となっている。五年前の取引先ベスト３は、地元商社の大橋テクニカ、京セラ、オリンパス光学工業であったが、現在は、日本ＩＢＭ、日本ピスコ、トヨタ系自動車部品の東海理化である。毎月仕事がくる主要取引先約四〇社でみても、諏訪・岡谷地域は八社程度にすぎず、大半の企業は首都圏に立地している。

見本市での集客効果が、単独出展のときよりも高まったことが、取引先の新規開拓に成功している一因であるという。また、同社の場合は海外展開にも積極的で、シンガポール、マレーシア、インドネシアに生産・販売拠点を設立したため、大手メーカーの海外拠点とソーデナガノの海外拠点の間で取引の話が進み、国内にその関係が投げ返されてくることもある。

業績は好調である。九九年八月期の売上高は二四億五二〇〇万円で、五年前に比べ約七五％増加した。

三　市役所を中核とするネットワーク

岡谷地域では、行政主導による中小企業のネットワーク化も盛んである。市役所自らが、地元の中小企業間や、地元企業と域外企業との調整役を果たしている。なかでも際立つのが、地元企業の共同営業窓口としての活動で、各県の中小企業振興公社で行われている受発注斡旋事業を、市ベースでよりきめ細かく行っている。さらに、資金調達や市場開拓など何らかの課題を抱えた中小企業は、市の工業振興課に行けば、必要な支援組織や個人を紹介してもらえる体制も整備されており、行政の産業振興への取り組みは極めて熱心である。ここでは、市役所が岡谷の産業界とどのような関係を形成してきたかを歴史的に踏まえたうえで、現在の活動を紹介する。

(1) 歴史的経緯

市役所の地域産業振興への取り組みには、戦前からの長い歴史がある。戦前においては、製糸業から精密機械工業への転換を促進し、戦後は五三年に工場誘致条例(5)を施行、五六年には県の精密工業試験場の市内誘致にも成功している。

行政と民間企業の垣根は低い。市役所側に、地元企業の実情に明るい職員を養成しようとする空気があり、そうした職員が中心となって民間企業の意向を汲んだ実践的な支援が繰り広げられてきた。例えば、五八年から九六年まで市役所に勤務した鮎沢茂登氏は、六〇年代前半に中小企業事業団へ一年間派遣され、中小企業診断士を取得した。高度経済成長期には、指導ノウハウを身に付けた鮎沢氏が中心となって、納屋工場を訪れ、経営者に資金繰りや計数管理の指導をしたり、経営相談に応じたりしていたという。そうした中から企業のネットワークづくりが始まった。

こうした蜜月の状態は現在まで続いている。市内企業一二八社をメンバーとする岡谷市金属工業連合

表7—3　岡谷市の戦後市長のプロフィール

区分	在籍期間	経歴
林将英	1947年—1949年	「山一製糸」や「中央工業」などを再建。「共栄製糸」社長
宮坂健次郎	1949年—1963年	家業の製糸業を味噌製造業へ転換。岡谷信用組合専務理事（のちに諏訪信用金庫理事長）
林浩正	1963年—1975年	バルブメーカー「丸千岡谷造機」を創業
林泰章	1975年—1995年	メッキ業「イズミテクノ」社長
林新一郎	1995年—	造り酒屋「豊島屋」社長

資料：岡谷人士録編集委員会『岡谷人士録』岡谷市民新聞社、1958年、岡谷市『岡谷市史』1982年、岡谷市『岡谷市工場名鑑』1999年、及びヒヤリングをベースに作成

会やその下部組織（機械精密工業会、電気工業会、計量器工業会及び表面処理工業会）の運営事務を行うのは市役所工業振興課の職員である。また、市は九四年に、岡谷商工会議所と協力して「岡谷市工業活性化計画」を策定し、地元企業とともに地域として取り組むべき具体的事業を練り上げていった。そこには、企業自らが必要な事業の内容や方法を検討するプロセスが組み込まれており、行政と企業が対話しながら地域の新しい方向性が模索された。「地元企業のニーズは何か、それをいかに満たすか」という発想が連綿と受け継がれている。

これは、歴代市長の出自とも深く関係しているように思われる。表7—3からも明らかなように、岡谷では、地元企業の経営者が市長に選出される歴史が続いてきた。四九年から六三年まで市長を務めた宮坂健次郎氏は諏訪信用金庫の理事長であり、市独自の融資制度整備に貢献した。また、七五年から九五年まで市長を務めた林泰章氏は、従業員十数人規模のメッキ会社の社長で、中小企業経営者としての自らの経験をベースに、産業振興策を打ち出していった。後述する中小企業経営技術相談所（当時は中小企業経営相談所）の設立もその一つである。

(2) 運営主体

行政が民間企業を積極的に支援できるのは、職員個人の熱意に加え、組織体制が整備されているためである。岡谷市役所の工業担当者は六人で、工場用地の相談などに応じる不動産担当、展示会の出展支援や仕事の斡旋をする受発注担当、技術担当、融資の相談に応じる金融担当に分かれている。

さらに、先にあげた中小企業経営技術相談所（市役所の工業振興課内）が、経営技術や生産管理、情報化などの専門家を外部アドバイザーとして抱える。相談所長で市役所の工業技術振興参事を務めるのは、長野県情報技術試験場の元場長である。同氏は市内の中小企業を精力的に回り、各企業の経営相談や技術相談に応じている。このほか、セイコーエプソンの元技術者を生産管理アドバイザーとして、三協精機製作所の元取締役を工業活性化コーディネーターとして迎えている。

(3) 市役所による営業活動

市内中小企業のよろず相談所的存在[6]となっている岡谷市役所であるが、なかでも特筆されるのがその営業機能であろう。市内企業を一つのまとまりとしてとらえ、「メカトロニクス加工であれば岡谷へ」というイメージを広くＰＲし、市内中小企業の共同営業窓口ともいえる役割を担っている。

営業活動

九四年の「岡谷市工業活性化計画」で、地域営業力の充実・強化が一つの課題として認識されたことから、市では九五年から広域営業や受発注チャンネルの構築に本腰を入れ始めた。市内企業のセールスポイントをＣＤ―ＲＯＭにまとめて他地域の大手企業に配布したり、市のホームページに掲載したりしてきた。大手メーカーや商社に対し、「加工業者が見つからない場合は、岡谷に一声かけて欲しい」という要請も積極的に行っている。

岡谷市がユニークなのは、行政が営業活動へ本格的に踏み込んでいる点である。市役所の職員が、他都市で開催されるフェアなどへ市内企業の製品を持ち込んで受注開拓をしたり、主要な展示会に岡谷市のブースを設けて市内企業の情報を発信したりしている。

九九年からは、栃木県の産官学交流グループ「栃木航空宇宙懇話会」に、市役所が特別会員として参加している。同会は、富士重工の航空宇宙事業本部がある宇都宮製作所やその協力会社、栃木県、宇都宮市、宇都宮大学などで構成する。岡谷市次世代経営者研究会（ＮＥＸＴ）のメンバーがその存在を見つけ、「航空宇宙関連事業分野の取引先開拓につなげたい」として、市役所に相談したのがきっかけとなった。

市による受発注の斡旋

こうした熱心な売り込みの結果、域外企業から、市内企業の紹介や案件の見積もり依頼などが岡谷地域に持ち込まれる。その窓口となるのが市の工業振興課である。中心となるのは、市内企業の技術や技能を最もよく把握している工業技術振興参事で、案件内容に応じて企業を選出し、発注元と引き合わせる。ちょうど図７―１のようなイメージとなる。市役所が、受発注の斡旋・仲介窓口となり、域外の大企業と市内の中小企業を引き合わせるコーディネーター機能を担っている。域外の企業にとっては、難

図7―1　岡谷市役所を中核とする受発注ネットワーク

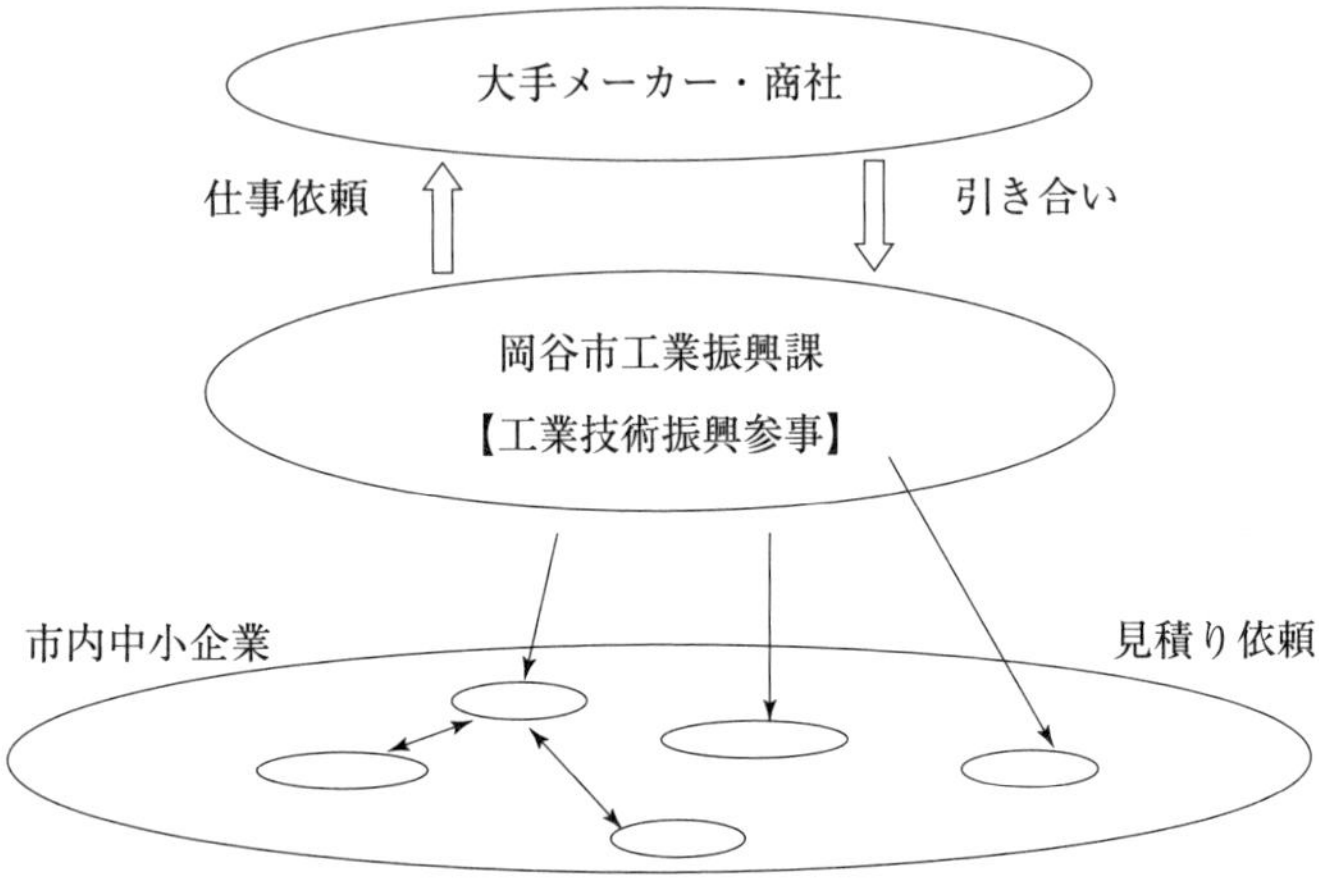

資料：ヒヤリングにより作成

度の高い精密加工や特殊加工ができる業者などを探す場合、市に問い合わせさえすれば、相手を紹介してもらえるという利点がある。

さらに、先に紹介した工業活性化コーディネーターが東京に在住しているため、首都圏にある大手企業のニーズを拾い集めて、岡谷市内の企業に発注する流れも生まれている。岡谷市が同氏を起用したのは、首都圏の大手企業に人脈があるうえ、三協精機製作所に在籍していたころ岡谷市内の企業と長期にわたって取引しており、岡谷地域の実態にも詳しいからである。この東京での営業活動も、営業力の充実・強化の一環で、九七年から行われている。

(4)　市役所を中核とするネットワークの魅力

岡谷地域では、市役所が域外企業に地域企業を売り込み、域外企業からの案件を、市内企業に割り振る調整役を担っているが、こうした営業・受発注ネットワークが同地域で形成された背景としては、市内企業の圧倒的多数が、零細中小企業であるという点が指摘できる。岡谷市は、九八年の工業統計調査によると、全九四七事業所のうち約半数の四六九が従業員三人以下の零細企業であり、三〇〇人以上の大規模事業所はわずか四、一〇〇人から二九九人までの事業所も一二にすぎない。単独での営業活動が難しい中小零細企業にとって、貴重な時間や費用をさくことなく、自社をPRしてくれる存在は、極めて高く評価されうる。地域企業の多数派ニーズを汲み取った動きといえよう。

このネットワークには、次のような魅力がある。第一は、ネットワーク化することによって、域外から注目されやすくなったことである。ネットワークの存在そのものが外部企業を呼び込むための資源となっている。この点は、NIOMでも認められるが、市内のどの企業とも利害関係がない中立的立場の市役所が中核となることで、一〇〇〇社近い市内企業を包括することが可能となった。NIOMなどに比べ、メンバー企業数の点で、圧倒的優位にある。第二には、市役所が、中小企業の技術レベルや経営管理能力を保証する権威として機能している。「企業規模は小さいけれど、市役所が紹介する企業だから」という信用を域外企業に与えている利点は否定できない。さらに、同じ公的組織といっても、県単位の中小企業振興公社などに比べ、地元企業の実態を把握しやすい立場にあることから、複数の企業をまとめあげて、ユニット発注に対応するといったことが可能になっている。

岡谷市役所が、ビジネスの仲介窓口として機能しうるのは、すでに指摘したように、市の担当職員が市内企業の内実に通じており、かつ地域の企業に対して強い連帯感を感じているからだと思われる。これは、「工業都市・岡谷」という明確な産業ビジョンの下で、市職員らが産業界と強い連携を図ってきた長年の成果でもあろう。岡谷市役所では、工業担当者が比較的長期にわたって在籍し、他部署に移っても数年後に戻ってくる人事が目立っている。職員は企業経営者と同じ岡谷地域の出身であり、地域社会をベースとする人的ネットワークでつながっている点も見逃せない。

地元企業の一部から、「公正性をいかに確保しているのか」「業界の実情をもっと知ってほしい」という声もあるが、岡谷のように市内企業の大半が加工業者で、域外から仕事をとってこなければならない状況では、多様な加工機能をもつ集積として、地域を売り込む戦略は決定的に重要である。そうした場合、地域の内実に詳しく、地域の顔となりうるような組織が不可欠であり、岡谷ではそれが市役所だったということになる。

四　岡谷地域のネットワーク特性と新たな展開

岡谷地域のネットワークは、個々の企業の新市場開拓や経営ノウハウなどの導入を支援しているだけでなく、地域の産業システムにも影響を与えてきた。ここでは、個々のネットワークが、どのような影響を及ぼしあいながら発展してきたのか、同地域でなぜ、多様なネットワークが形成されたのか、そうした結果、地域はどのような変容を遂げてきたのか、をみていくことにしよう。

(1)　ネットワーク間の相互作用

表7―2でとりあげたネットワークの形成を時系列的にまとめると次のようになる。当初は、岡谷市

表面処理工業会のような同業者ネットワーク（業界団体）だけであったが、八九年に異業種交流グループの協同組合ハイコープが誕生し、九〇年には地域の第二世代が集まってＮＩＯＭを組織した。その後、第三世代がインダストリーウェブ研究会を結成し、その研究会が立ち上げた諏訪バーチャル工業団地に、第二世代あるいは第一世代の企業が参加していく。さらに、こうした民間企業の動きに呼応する形で、市役所も企業のネットワーク化を全面支援していった。

ＮＩＯＭのところでも少し触れたが、こうした個々のネットワークは孤立しているわけではない。むしろ、驚くほど強い影響を及ぼしあっている。例えば、九八年に市が実施した「インターネット受発注実証実験プロジェクト」は、諏訪地域を拠点とするＣＡＴＶ会社のＬＣＶとバーチャル工業団地の協力を得て、インターネットを使った共同受注の可能性を模索した。このプロジェクトを発展させる形で、市が九九年に立ち上げたインターネット高度利用研究会には、ＮＩＯＭの全メンバー（市内企業一〇社）が名を連ねており、研究会メンバーは五〇社を数える。その一方で、ＮＩＯＭは昨年独自に、株式会社ニオムネットを設立した。情報通信技術への関心は、大橋氏を中心とするインダストリーウェブ研究会の小さな動きからスタートし、その活動に、市役所やＮＩＯＭのメンバー企業が賛同し連携することによって、地域全体へと広がっていったことがわかる。

市役所による営業活動も、ＮＩＯＭやバーチャル工業団地と連携しながら行われている。岡谷市の企業を紹介するＣＤ―ＲＯＭやホームページの作成には、インダストリーウェブ研究会が関与してきた。域外から市役所に持ち込まれた案件がＮＩＯＭの事務局やメンバー企業に投げられることも珍しくない。

戦後、岡谷地域の産業界を牽引してきた第一世代、ＮＩＯＭを結成した第二世代、さらに、インダストリーウェブ研究会に集まる第三世代という世代ごとの異なるネットワークが、緊密な関係を持ちながら活動し、さらに、そうした産業界のネットワークと行政の支援ネットワークが連携している点に、岡谷地域の強みをみることができる。

(2)　ネットワークの増殖

では、なぜ岡谷で、多数のネットワークが誕生したのであろうか。

第一に指摘できるのが、企業の生死を左右しかねない問題が発生し、それを解決する手段としてネットワークが形成されたということである。岡谷の中小企業ネットワークが主として目指したのは、地域から発注される仕事量減少に対応し、既存技術をベースにしながら、新しい市場を開拓することであった。中小加工業者が、域外企業から仕事を受注する仕組みを作り上げることが最優先課題とされ、岡谷という地域や企業の売り込みが図られた。従来、同地域の大手メーカーしか保有していなかった営業機能の確立が急がれ、その一手段としてネットワークが着目されたのである。地元企業は、受注量の減少という同じ課題に直面しており、その解決策を議論したり、実践したりする場としてのネットワーク形成で、利害が一致した。

第二には、ネットワークの必要性を認識し、結成する企業家の存在があげられる。岡谷においては、各世代に先導的な役割を果たすリーダーが存在しており、そうしたリーダーとその仲間が任意にスタートさせた活動を、市がサポートする形で盛り立てていった。ＮＩＯＭ結成当初の経営者の平均年齢は三〇歳代、大橋氏がインダストリーウェブ研究会を立ち上げたのも三〇歳代である。後継者としての自覚に目覚め、世代交代が強く意識される中で、自社の将来に対する危機感が一つのきっかけになったと考えられる。そのさい、共同体意識や地域社会に埋め込まれている地縁ネットワークの存在が、新たなネットワーク形成の基盤となっていった。また、企業家が呼びかけたネットワークが、企業の社内組織や意識を大きく変革させることなく結成できるものであった点も、重要であろう。

第三に、そうしたリーダーによって認知される問題の種類が異なっていたために、新しいネットワークが次々と形成される結果となった。市役所主導で九四年に立ち上がったＮＥＸＴは、中小企業の後継者育成という既存のネットワークとは異なる目的を掲げ、二〇、三〇歳代の若手を組織している。インダストリーウェブ研究会、ＮＩＯＭ、ＮＥＸＴといった個々のネットワークの目的や活動は決して矛盾したり、対立したりするものではなく、むしろ補完関係にある。

(3) 地域構造の変化

これまで見てきたように、岡谷地域では中小加工業者の存続、発展を意識したネットワークが多い。これは、地元メーカーの戦略転換によって、地元中小加工業者への発注量が激減したためである。

だが、その一方で、大手メーカーの新事業分野（例えば半導体製造装置）への進出や、省力化・自動化への取り組みは、専用機メーカーなどに対する新たな市場を生み出している。[7] 岡谷地域にある省力化装置や専用機、精密測定機などのメーカーとしては、五一年創業のダイヤ精機製作所（資本金四〇〇〇万円、従業員一五〇人）、六四年創業のマルゴ工業（四八〇〇万円、五八人）などの老舗組が知られるが、七〇年代以降、大企業や中堅企業の技術者によるスピンアウト組みが増加しつつある。八四年設立

図7—2　地域構造の変化

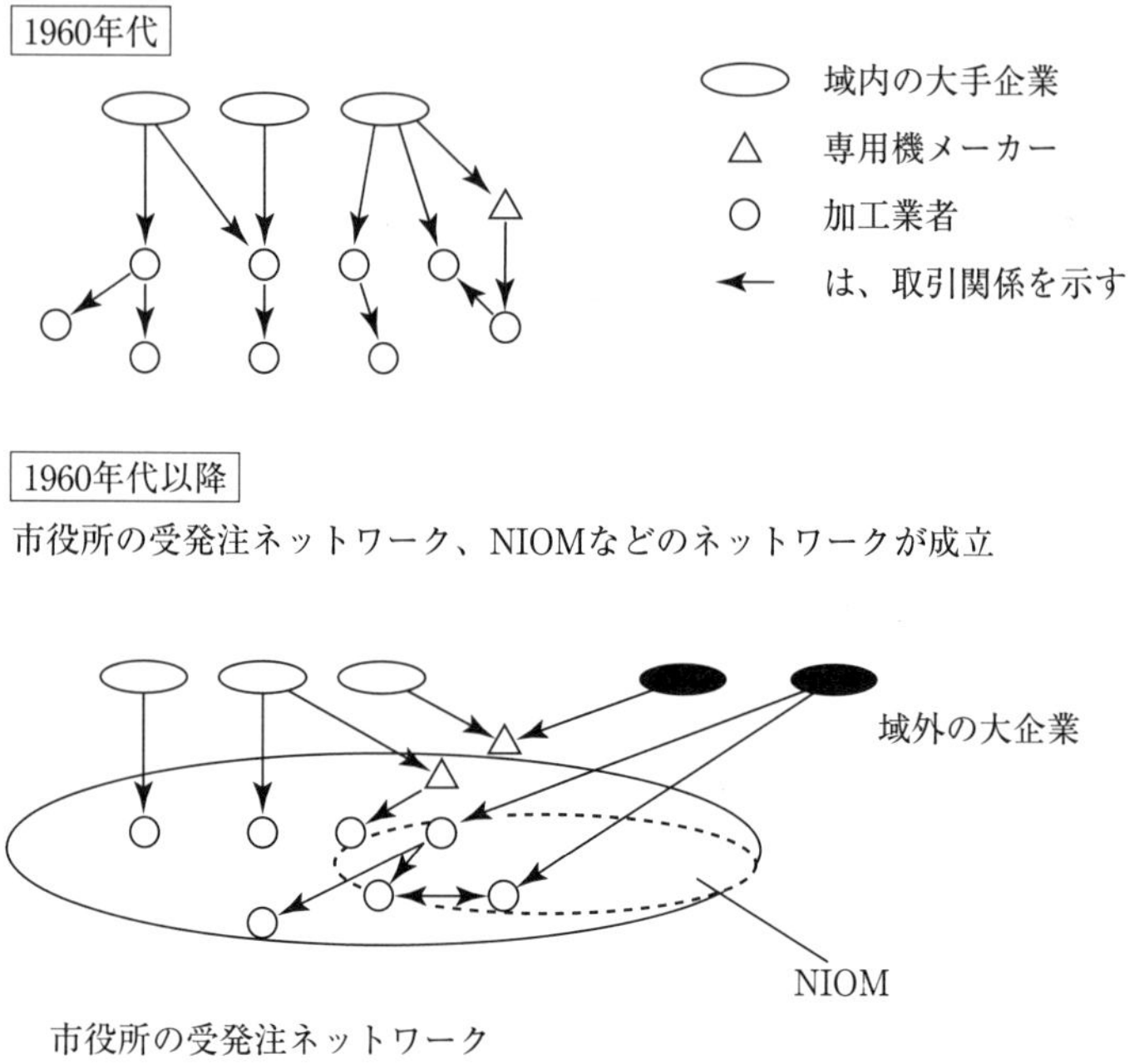

のカザマエンジニアリング（一〇〇〇万円、一九人）、八四年創業の日研エンジニアリング（二〇〇〇万円、三七人）、九四年創業のサンセーテクニカル（三六〇〇万円、一四人）などは、セイコーエプソン、オリンパス光学工業、チノン、京セラといった大手企業に、省力化、自動化の検査装置や生産ラインを納入し、発展してきた。

　現在の岡谷地域の特徴[8]としては、NIOMや市役所などのネットワーク活動を通じて、域外の大企業と直接取引きする加工業者が増加しつつあることと、オプトエレクトロニクス関連企業からの需要の増大によって専用機メーカーの数が増加したことが挙げられる。地域の産業構造は、

図7―2のような概念図でとらえられる。

岡谷地域はこれまで、域外から受注する中堅企業群が増加すれば、そうした企業から仕事を受ける中小零細加工業者群も成長し、地域全体が活性化するという戦略を取ってきており、九〇年代に誕生したネットワークは、中堅企業群の育成、発展という面で一定以上の貢献をしたといえるだろう。しかし、そうしたネットワークが対象としたのは主として専門加工業者であり、しかも、外部経営資源をうまく活用して新製品や新技術を開発するといった発想のネットワークはほとんどない。危機的状況を回避するために形成されたネットワークは広域営業力の強化といった面では十分に機能したが、集積としての技術の幅や深みには依然として偏りがあり、ユニットや完成品にまとめあげる力もそれほど強化されていない。(9)

(4) 新しい地域戦略とネットワークの広域化

こうした現状を踏まえ、岡谷市では、外部経営資源の積極的利用や、企画・研究開発などの能力を有する自立型メーカーの育成、発展に力を入れ始めた。

このための一つの試みとして、市役所は昨年から市内企業とイスラエルやドイツ企業との縁結びに取り組んでいる。市内企業のさらなる飛躍に、海外の頭脳を活用しようというもので、共同研究や技術提携に関心をもつ企業を、海外に売り込んでいる。イスラエルとの交流は、ジェトロの「ローカル・ツウ・ローカル産業交流事業」(二〇〇〇年度)に採用され、二〇〇〇年夏には市役所が、イスラエルとドイツの企業を回る約一〇日間のツアーを企画し、参加企業を公募した。

イスラエルとの交流は、九九年にイスラエル大使館のスタッフが、ＮＩＯＭのメンバー企業である諏訪機械製作所にインターネットを通じて接触し、ＮＩＯＭのメンバー企業が平出精密に集まってその訪問に対応したのがきっかけとなった。同国は、人口わずか五五〇万人の小国だが、高等教育を受けた人口比率が高い国として知られ、マイクロソフトやＩＢＭといった世界的企業が研究開発センターや工場を建設している。イスラエルのハイテク関連企業と連携し、そのアイデアを岡谷地域の技術力で具現化しようという狙いがある。

ドイツ企業との交流窓口は、ドイツ南西部のバーデン・ヴュルテンベルク州の州都シュッツットガルトに本部をおくシュタインバイス財団である。同財団は、七一年に州政府によって設立された非営利の産業支援機関で、大学などに拠点をおく技術移転センターが、大学での研究成果の事業化や、中小企業への技術やノウハウの提供に取り組んでいる。また、シュッツットガルトは、ベンツやポルシェといった大企業の本社とそうした企業を支える中小企業が集積するドイツでも有数の工業地域である。

コストや時間の節約につながる外部経営資源と連携する動きは、さらなる発展を望む企業のニーズにも合致しており、ツアーには、専用機メーカーだけでなく、ＮＩＯＭのメンバー企業を含む加工業者も参加した。海外まで含めた広域ネットワークを構築し、その広がりの中で、技術を高度化かつ多様化する方向に地域全体が進みつつある。

岡谷地域のこれまでのネットワークは、自社や地域をとりあえず域外に売り込むという緊急避難的な色合いが強かったが、形成されたネットワークは次第に、自らを取り巻く環境を認識し、その環境を変えていく戦略会議の場として機能するようになっていった。インダストリーウェブ研究会やＮＩＯＭはまさにその代表といえる。さらに、そうした個々のネットワークが何重にも折り重なっていき、複数のネットワークに所属する企業が、各ネットワークの情報やアイデア、知識を、他のネットワークへ移転する仕組みが生まれてきた。海外までにらんだ広域ネットワーク化の必要性は、そうした仕組みの中で自然に生まれ、地域のコンセンサスになっていったと考えられる。ネットワークの多層化が進む中で、岡谷地域はあたかも一つの企業体であるかのように動く産業システムへと変容を遂げつつある。

（1）ネットワーク型産業コミュニティの可能性に関する体系的な議論には、M・J・ピオリ、C・F・セーブル著、山之内靖他訳『第二の産業分水嶺』筑摩書房、一九九三年、がある。清成忠男・橋本寿朗編著『日本型産業集積の未来像』日本経済新聞社、一九九七年、は、シリコンバレーのネットワークモデルを議論の中心にしながら、北イタリアについても触れている。

（2）ネットワークの概念やイメージについては、今井賢一・金子郁容『ネットワーク組織論』岩波書店、一九八八年、宮沢健一『業際化と情報化』有斐閣、一九八八年、須藤修『複合的ネットワーク社会』有斐閣、一九九五年、財団法人商工総合研究所『中小企業の戦略的連携』一九九九年、小川正博『企業のネットワーク革新』同文館、二〇〇〇年を参考にした。

（3）組織間関係やネットワークの理論的説明については、山倉健嗣『企業間関係―企業間ネットワークの変革にむけて』有斐閣、一九九三年、を参照されたい。

（4）山本健兒・松橋公治「中小企業集積地域におけるネットワーク形成―諏訪・岡谷地域の事例」（『経済志林（法政大学経済学会）』第六六巻第三―四号、一九九九年）、が、岡谷市、下諏訪町、諏訪市の三地域のネットワークを詳細に取り上げている。三地域を比較すると、地元自治体による中小企業支援ネットワークは、岡谷市がもっとも手厚いとのことである。

（5）岡谷市『岡谷市史（下巻）』一九八二年、によると、新設で一〇〇万円以上投資した企業は、条件に応じて三年間、市民税と固定資産税が減免された。

（6）カザマエンジニアリングの社長は、産業振興に積極的な岡谷市役所の姿勢を高く評価する。市役所では、県や市の複雑な制度融資の中から、企業の個別ニーズに応じて最適なものを選択して説明するサービスなどが充実しており、「市役所の工業振興課で何をしたいか説明しさえすれば、必要な情報がその場で入手できる」という。同社の第二工場新設にあたっては、用地の確保から資金調達まで市役所が全面的に支援した。

（7）財団法人・機械振興協会経済研究所『機械産業における国際化の進展と下請分業構造の変化についての研究』一九八七年、によると、八五年のプラザ合意による円高で、輸出が激減した大手精密機械メーカーの経営戦略は三つに大別できる。第一が新製品開発や新事業分野への展開である。第二は、設計・生産設備面の対策で、自動化投資やCAD／CAM導入が加速した。部品点数の削減や部品のユニット発注なども、ここに含まれる。第三には、開発、生産、販売面での国際分業体制の確立が挙げられている。

（8）九〇年前半の岡谷地域の産業構造については、渡辺幸男氏の『日本機械工業の社会的分業構造』有斐閣、一九九七年、が詳しい。渡辺氏は、岡谷地域の企業を①中堅機械完成品メーカー②域外から受注する特定加工に専門化した企業群③域内の多数の企業から受注する特定加工に専門化した企業群④域内企業からの受注に依存する一般加工の企業群、に分類している。

（9）岡谷地域の産業集積の課題は、前述の渡辺氏や岡谷市・岡谷商工会議所『岡谷工業活性化計画推進事業報告書』一九九八年、で議論されている。

［付記］本稿の調査研究に当たり、㈶中小企業総合研究機構と一橋大学イノベーション研究センター西口敏広教授から多大なご指導、ご協力をいただいた。ここに改めて感謝の意を記したい。なお、本稿は中総研による中小企業ネットワーク研究の一部を使用している。

終　章　地方工業都市の未来

ここまで検討してきたように、精密機械で一時代の繁栄を謳歌した岡谷の工業は、この十数年の必死の努力により、多様性に富んだ魅力的な工業集積地に変貌しつつある。戦前期までの製糸、戦後の時計、カメラ等の精密機械、そして、二一世紀に踏み込みつつある現在は、地域の総力を結集して岡谷工業の「第三ステージ」というべき段階に向かいつつある。そこには何か「工業魂」とでもいうべきものが宿っているようにもみえる。特に、戦後の精密機械をリードしてきた世代と、それに続き、新たなステージを作ろうとする若い世代が重層的に重なり、地域に未曾有のエネルギーが蓄積されつつあることが注目される。

おそらく、そうしたエネルギーが地域工業の明日に投入され、岡谷の工業は「新たな時」を迎えることになろう。その全体像は、当面、漠として不明だが、それが具体化されていく時、私たちは、その新たな「岡谷モデル」に目を奪われていくに違いない。本書を閉じるこの章では、新たに形成されるであろう「岡谷モデル」を意識し、当面、乗り越えなくてはならない課題を指摘しておくことにする。

一　新たな産業化への挑戦

本書の各章でみたように、岡谷の中では多方面にわたる模索が続けられている。ここでは、まず、明日に向かう岡谷の工業に新たな担い手が登場しつつあるという点と、行政が地域の経営を意識し、さらに両者の共同作業が開始されつつあるという点に注目するところから始めたい。

(1)　新たな世代の登場への期待

戦前の製糸の時代から、岡谷には長い「モノづくり」の伝統が積み重ねられてきた。現在の地域工業を担っている方々からは、「モノづくり」への深い洞察と、「工業魂」というべき「挑戦のこころ」を感じとることができる。しかも、この「工業魂」が世代間に重層的に重なり、お互いの尊敬と思いやりが形成されているところに、新たな可能性が横たわっているのであろう。

海外雄飛型企業の登場

おそらく、岡谷の新たな「うねり」を作り出しているのは、戦後の精密機械の基礎を築いた「第一世代」から事業を引き継いだ五〇歳前後の「第二世代」というべき世代であろう。彼らは時計、カメラといった精密機械が滑り落ちていく時代に事業を引き継ぎ、必死に活路を求め、特定の領域で際立った企業になっている。精密鈑金の平出精密、熱処理の丸真製作所、冷間鍛造プレスのソーデナガノ、精密ゴム部品の小野ゴム工業、高性能ハードディスクケースの日拓精工などがその典型であろう。いずれも五〇歳前後の「二代目」が先代の事業をベースに、独自性を強めてきた。彼らは全国的にみても、同業種ではトップレベルの技術を身に着けている。

そして、彼らは一〇年ほど前からNIOM（New Industrial Okaya Members、一一社）という異業種交流グループを結成、「仕事のある所、ビジネス・チャンスのある所には、どこへでも行く」との構えであり、果敢に東南アジア諸国への進出を目指している。例えば、リーダー格のソーデナガノは八八年にシンガポールに進出、現在はシンガポールに二社、マレーシアに一社、インドネシアに一社を展開し、ASEANに進出している電気・電子のセットメーカーに対して精密部品供給のサイドから支援する立場にある。NIOMのメンバーの他の三社もすでに東南アジアに進出しており、実に楽しそうにやっているのである。ソーデナガノなどは、先のアジア経済危機の中で、ビジネス通貨の八〇〜九〇％を米ドルにしていたため、為替差益が出て、たいへん有り難い状況だったという。そして、彼らの元気が岡谷に浸透し、後に続く世代に大きな希望と勇気を与えているのである。

まさに彼らは「海外雄飛型企業」というべきであり、新たな可能性を求めて果敢に東南アジア諸国に展開し、現地の「熱気」を岡谷に持ち帰っている。時計、カメラといった国際商品に関わり、早い時期から困難に陥った岡谷の中小企業の中からは、新たな可能性を求めて果敢にアジア諸国地域に進出し、視野を大きく拡げながら、次の時代に踏み込む企業が登場しているのである。こうした企業の存在が岡谷の中小企業に与えた影響は計り知れない。

バーチャル工業団地の模索

先のNIOMと共に、現在の岡谷の工業を際立たせているのが「諏訪バーチャル工業団地（S―VIP）」の取り組みであろう。NIOMよりも一つ世代の若い四〇歳前後、あるいはそれ以下のメンバー（二代目、あるいは後継者）によって構成されている。彼らが事業に就いた時にはすでに時計、カメラの時代は終わっており、バブル経済の崩壊も目の当たりにした。「一つも良い時代を経験したことのない世代」とされている。しかも一般的に学歴も高いが、長男である場合が多く、Uターンをせざるをえなかった世代といえそうである。

彼らは地域の閉塞感を突破すべく、新たなことに果敢に挑戦していく。リーダー格の大橋俊夫氏（五七年生まれ）は、新たな可能性として電気自動車に挑戦したり、さらにインターネットなどにも深い関心を示していく。九五年の頃には、製造業にインターネットを利用することを考え、「バーチャル工業団地」をイメージしていく。「中小企業は口を開けて待っていても、仕事は来ない。情報を発信して自らをわかってもらう努力が必要」、「従来は結びつきが難しかった企業や人がネットを通じてつながることで、新しい価値が生まれる」との判断の下で、九六年一二月に「諏訪バーチャル工業団地」をスタートさせた。現在、全国的に約六〇の同様のネットが生まれているが、約一五〇人を組織化しているS―VIPは最も先鋭的なグループとして注目されているのである。

最近になってようやく具体的な受注に結びつきはじめた段階だが、先行的に取り組んできた成果は小さなものではない。ホームページを作って情報発信しても、意外に受注の実績に結びつかないことが実感され、「自分のコアとなるものの自覚と表現力の必要性が痛感された」という。それはまさに、情報発信することは「自分を知ること」だということなのであろう。

現在は一五〇人のメンバーで実施しているが、将来は諏訪地方二〇〇〇社のうち五〇〇社の加盟を実現し、さらに全国の同様のネットと連携しながら、新たな可能性をつかみとっていく構えである。一〇〇人のコミュニティと五〇〇人のコミュニティは違う。そのためのスキルは何かが模索されている。その場合の求心力になるのは、諏訪・岡谷をどうしていくのかという「志」にあると考えている。これからのネットワーク時代には企業間関係も変わる。情報ツールをうまく使いながら、自分たちのアイデンティティを確立し、情報を共有化することに新たな可能性を見出しつつある。「バーチャル工業団地」に結集した若者が、地域をどうするかに目覚めたことが、最大の成果であるように見える。是非、地方小都市で始まった若者たちの実験が実を結ぶことを期待したい。

さらに、この「バーチャル工業団地」に対しては、当初、地元の長老たちは冷やかに見ていたのだが、その後、深い理解を示すものとなり、現在では、長老からの期待の声も大きなものになっている。「地域をどうしていくのか」という「思い」が、世代を越えて共通の認識となっているのであろう。岡谷の工業の現在の高まりの焦点がここにあるといってよさそうである。

(2) 長野県の支援態勢

全国的に、近年、地域産業振興への意欲が高まっている。特に、機械工業の優越的な長野県の中でも、中軸的な位置を占める岡谷に対しては、従来から県の関心も深く、全国的に評価の高い「精密工業試験場」をはじめとして、興味深い支援態勢が組まれてきた。長野県にとっても、岡谷を重点支援することは、県の地域経営、産業振興策としても、戦略的な意味を帯びていたと考えてよい。岡谷を刺激的な環境にしていくことが、全県に良い影響を与えるということなのであろう。

精密工業試験場

全国の各都道府県には公設の試験研究機関としての「工業試験場」「工業技術センター」が広く設置されている。精密機械工業の盛んな長野県においては、長野市に工業材料関係の試験場、松本市に情報関係の試験場、そして、岡谷に精密機械・電子産業を視野に入れた「長野県精密工業試験場」が設置されている。岡谷の精密工業試験場は精密機械工業が活発であった高度成長期に地元の強い誘致により実現され、五七年四月にオープンした。なお、試験場の用地は地元が提供するものであった。

私自身、全国の試験場の動向に関心をもっているが、この「精密工業試験場」は規模的にもコンパクトであり、ターゲットもしっかりしており、実に使い勝手の良い試験場と認識している。試験場の方針としても、「依頼試験、技術指導を重点にしており、そこから企業のニーズをくみとって研究開発していく」との姿勢を鮮明に打ち出している。現在、全国の工業試験場は、一つの時代を終え、「依頼試験、指導」でいくのか、それとも「研究重点」でいくのかで大きく揺れている。この点、岡谷の「精密工業試験場」への期待は依然として大きく、開設当時からの精密機械加工などに加え、近年の地域工業の構造変化にも適切に対応し、電子技術部門等を充実させているなどが注目される。いわば、地域工業の実態に即し、さらに、次の時代の技術的な方向をも指し示している点が興味深い。試験場全体も、測定部、加工部、化学部、電子部、半導体部などから構成され、技術系職員は三八人からなっているのである。

長野県創業支援センター

地元の企業からの信頼も厚く、地域に密着した試験場として、それ自身が進化しているのであろう。

創業支援センター

また、この精密工業試験場に隣接して、九七年には「長野県創業支援センター」(1)が設置された。これはいわゆるインキュベータであり、バブル経済崩壊後の地域経済の落ち込みに対し、新たな創業を支援しようという意図から計画されたものである。敷地は試験場と岡谷市から借り、長野県が建設した。鉄骨造二階建、延床面積七八〇平方メートル、インキュベート室一一室（六〇平方メートルが一〇室、四二平方メートルが一室）から成っている。入所代は無料、期限は原則三年間（五年まで延長可）とされている。技術指導は試験場、経営指導は県の中小企業総合指導所と中小企業振興公社が担い、さらにボランティアの創業支援スタッフが八人ほど用意されているのである。

入居者の多くは、地元大企業のリストラ退社の人材であり、四〇～五〇歳代の人が目立つ。ソフト開発が六社、その他は機器開発、コーティング関係、光造形、電磁波吸収塗料開発などにあたっている。諏訪・岡谷地域には世界的な大企業も多く、優秀な技術者も少なくない。そうした技術者の新たな可能性を具体化する場として「創業支援センター」に期待される点は大きい。当初、六〇平方メートルの部屋を一〇室用意したのだが、一四人が応募してきたため、休養室を狭めて一室（四二平方メートル）追加した。入居者の事業意欲は高く、岡谷に新たな風を送り込んでくれることが期待されている。

(3) 岡谷市の取り組み

以上のような点に加え、地方工業都市の「雄」としての岡谷は、新たな「第三の発展のステージ」を強く意識し、九四年四月には「岡谷市工業活性化計画」(2)を策定した。そして、この「活性化計画」の中で、岡谷の工業の課題として以下の点を指摘していたのであった。

「工業活性化計画」の推進

① 受注の六四％、外注の八一％が岡谷及び長野県の範囲であり、活動範囲の狭いところで競争している。その結果、全体として市場動向や技術動向への感度が鈍い。
② 従来、特定の大企業に依存してきたため、営業・企画・開発に関わる事業経験に乏しい。
③ 個性的な企業が多いが、反面、集積の効果を十分に活かしていない。
④ 岡谷の空間的な制約が大きく、集積の脆弱化が懸念される。

こうした課題を意識しながらも、現状は地方小都市としては際立っている工業集積を再評価しながら、今後に「岡谷市第三次産業革命」を意識し、「既存工業集積を基礎とした工業機能の転換」に焦点を絞っていった。さらに、将来像として「自立メーカー群の開放連携」を掲げ、企業としての取り組む目標を「独立自営メーカーへの転換」、工業集積として取り組む目標を「次世代産業の基盤技術を担う広域ネットワークの形成」、そして、工業地域として取り組む目標を「小零細企業の再生風土の醸成」としていたのであった。

その後、「活性化計画」から五年、次のステージに向かうための地道な取り組みが積み重ねられてきた。この点、『岡谷市工業活性化計画推進事業報告書～第二ステージに向けて～』(3)が、この五年間の工業活性化事業の取り組みを以下のようにまとめている。

① 製品・生産設計技術の充実

・共同技術開発研究会（ロストワックス技術研究、セラミックスメッキ処理技術研究）

・県・地域産業集積活性化「超高機能部品（医療用スーパーデバイス）」指定

・ISO取得支援

② 地域営業力の充実・強化

・営業ツール（CD―ROMの製作とバージョンアップ）の製作・配付

・インターネット受注研究会

・東京営業拠点の配置（域外の市場情報チャネルの開設）

・展示会出展助成

③　熟練技術の継承・展開
・中小企業経営技術相談室の設置
・工業技術振興参事、生産管理アドバイザーの配置
・「基層企業」実態ヒアリングと企業データファイリングシステムの試行
④　メーカー企業の事業戦略支援
・個別企業の設備投資支援
・工場移転等への助成
⑤　独立・創業企業の輩出
・県「創業支援センター」の設置
⑥　業界・行政組織体制の再編
・「工業活性化施策検討会」の開催
⑦　新工業インフラの整備
・塩嶺林間工業団地の造成・完売
・新工業インフラ整備事業に関する企業意向アンケート調査
⑧　企業小グループの形成促進
・次世代経営者研究会（ＮＥＸＴ）活動支援
・諏訪バーチャル工業団地の活動支援
⑨　開放系ネットワーク拠点の整備

・「産業のまちネットワーク推進協議会」参加
・「中小企業都市サミット」参加
⑩　活性化戦略事業の自己資金の蓄積
・「工業活性化資金」五億円蓄積

この五年の成果と次の課題

以上のこの五年の成果はやや地味だが、地域工業振興のベースを固めていくための基礎的な作業であったようにも思える。おそらく、このような取り組みを一つひとつ進めていく中で、関係者の相互信頼が高まり、エネルギーが結集されていくのであろう。いわば、地域工業振興のためのウォーミングアップが行われたということであろう。そして、以上のような経験を踏まえる中で、この五年の成果は以下のように総括されているのである。

第一は、創業世代と次の時代を背負う世代が九〇年代後半の困難な時期に対して、リスクマネジメントの経験を深め、新たな経営戦略に取り組み始めたという点である。いわば、岡谷の重層的に重なっている世代間に新たな「共歓」が生まれ、エネルギーが結集しつつあることを意味している。

第二に、地域工業者の積極的な動きに自治体も敏感に対応し、「企業者と一緒に考え応援する」という姿勢を示したことが指摘される。このことにより、お互いの信頼が深まっていったことが特筆される。双方がかなり自由に「モノ」が言える雰囲気が形成されつつある。それは、地域産業振興、活性化を進めるにあたっての基礎的条件になるように思う。また、この企業者、自治体に商工会議所も加わり、それぞれの役割、機能、限界などを深く理解しあったことの意義は大きい。

第三は、こうした地域企業、自治体、会議所の一体的な素早い取り組みが、世間の注目を浴び、特に産業構造転換の中で、新規の事業展開を模索していた通産省、県などのパイロット事業の受け皿となっていったことも重要である。いわば、九〇年代後半の未曾有の不況の時期に、岡谷の工業に「光があたって」きたのであった。このことは、関係者に大きな自信を与えることになった。

コーディネート活動支援事業

岡谷市は八一年に「中小企業相談所（九六年以降、中小企業経営技術相談所）」を開設し、受発注、経営技術、生産管理、高度情報化のアドバイザーを用意してきた。九八年には通産省の新規事業である「新規成長産業連携支援事業（コーディネート活動支援事業）」に、岡谷市の相談所が実施するコーディネート活動が全国五二カ所の一つに採択され、活動が一段と活発となっている。

この事業は、コーディネーターが中小企業が個々に抱える課題の解決に最適な外部資源を紹介し、引き合わせるほか、その連携活動を円滑に進めるために側面的な支援を行うもので、「中小企業経営相談支援事業」「市内ものづくり草の根ネットワークの構築」「インターネット受発注実証実験プロジェクト」「コーディネート支援事業普及広告」「産業資源調査」「営業開拓用パンフレット作成」の六つの事業から構成されている。そして、相談所には五人の専門コーディネーターを置き、幅の広い要請に応えようとしているのである。

これらの中で、特に注目すべきは、早い時期から企業紹介用のCD—ROMを作成し、全国に配付していったこと、先にみた「諏訪バーチャル工業団地」の取り組みをベースに、インターネット受発注の実証実験を先行的に実施していること、コーディネーターが市内中小企業を直接巡回訪問していること、首都圏に受注開拓のための専門コーディネーター（東京駐在コーディネーター）を置いていることなどが注目される。いずれにしても、この「コーディネート活動支援事業」は、市内の中小企業のネットワーク化を図り、さらに、外部の経営資源との連携により、新たな局面を形成していこうとするものであり、地域産業活性化のための「ソフトな事業」として今後の歩みが注目されている。

以上のように、「活性化計画」以降の岡谷は、地域のエネルギーが結集し始め、地域の企業、自治体、会議所などが相互の信頼を深めながら、次のステージに向けて新たな一歩を踏み出しつつあるといってよい。そして、次の課題は先の成果をより深めながら、さらに、以下のように三つの方向で提言されている。

① 地域工業人材の輩出・養成・活躍――今後の一〇年間で、これまでに蓄積されてきた技術・技能の継承を図り、合わせて、新たな技術を受け入れ、幅の広い人材を登場させていくというものである。

② 「岡谷のモノづくり」のアピール――岡谷の加工技術の応用能力、取りまとめ能力、デザイン力等の充実・強化を図り、「岡谷のモノづくり」のスタイルを世間に広くアピールしていくことを目指すというものである。

③ 「モノづくり地域間」の競争と連携――広域的な工業集積地域との競争と連携に積極的に参加し、岡谷地域工業の「モノづくり」機能を強化していくことを目指すというものである。

いわば、この三つは、岡谷の「工業人材の育成」、地域の特色を活かした「将来の方向の明示」、さらに、「幅の広い視野の獲得」を意味するであろう。こうしたことは、おそらく今後の日本全国の各地域が模索していかなくてはならないものであろう。そうした問題に対して、地方工業都市の「雄」とされる岡谷は、先行的に取り組み、「岡谷モデル」として広く世間に希望を与えていくことが求められているのである。

二　「岡谷モデル」の構築を目指して

ここまでの検討を通じて、岡谷には新たな可能性が見え始めたことがわかる。そして、その取り組みは、将来「岡谷モデル」として全国から注目されていくことになろう。本書を締めくくる本節では、「岡谷モデル」を構成するであろう幾つかの注目すべき点を指摘していくことにする。おそらく、「岡谷モデル」を構成する主要な要素とは、以下のようなものであることが予想される。

「工業魂」と自立心

まず、日本列島の閉塞された内陸に位置し、長い間にわたって工業都市としての道を歩んできたことに関連する。そのため、地域全体に「工業魂」とでもいうべきものが育まれ、内側に激しい「モノづくり」意識が形成されている。こうした意識が「内発的な努力」を促す契機となり、自立的な取り組みを進めていくことになる。「モノづくりを究める」という取り組みが岡谷では当たり前のこととなっているのである。これが岡谷の工業の全ての前提であろう。そのため、内に向かうエネルギーは巨大なものであり、お互いの競争意識も旺盛であり、自立心が極めて強い。このことが、岡谷の工業の独自性を際立たせてきた。

他方、現在の岡谷の工業人の構成は世代論的に実に興味深いものになっている。「第一世代」というべき戦後の精密機械工業化を担った人びとが一方に存在し、地域工業の長老格として納まっている。この方たちは、実に真面目に物事に取り組んでおり、現在でも影響力はかなり大きい。そして、他方には、五〇歳前後以下の「第二世代」というべき「二代目経営者」が存在し、精密機械以後の苦難の十数年をしのぎ、独特な領域を切り開いてきた。さらに、「第二世代」の末尾に位置し、「第三世代」といってもよい差し支えないが、四〇歳以下の「後継者」というべき世代がいる。彼らは学歴も高く、一度は東京で就職し、視野を拡げる経験を重ねてきたのだが、長男ゆえUターンせざるをえなかった場合が少なくない。彼らは従来の岡谷の常識の枠を乗り越え、例えば「バーチャル工業団地」のように新たなあり方を模索している。

したがって、岡谷の工業をリードする人びとには、大きく二つ、ないし三つの世代が重層的に重なっていると考えてよい。そして、これらの世代がこの数年の取り組みの中で、お互いを理解しあい、多方面にわたる信頼関係、協力関係を形成しつつあることが興味深い。実際、彼らと語りあっていくと、世代間の「尊敬」と「思いやり」、そして「期待」が交錯していることが深く理解される。それは「地域に対する愛情の深さ」であり、また、「志」ということもできそうである。そして、共通するのは、まさに「工業魂」というべきかもしれない。このことが、岡谷の工業の最大の特質であり、「岡谷モデル」を構成する基本的な要素であるように思う。こうした「工業魂」がある限り、岡谷は確実に成功していくことは疑いない。

「産官学」の連携の課題

岡谷の工業をめぐる「産官学」の連携をみていく場合、地元企業（商工会議所を含む）、県の精密工業試験場、岡谷市役所、長野県、さらに、岡谷工業高校、東京理科大諏訪短期大学があり、やや離れた所の信州大学工学部（松本市）があげられる。さらに、市内には県技術専門校等もある。

これらの中で、当面、岡谷の工業振興の環の中に登場してくるのは、地元企業、試験場、市役所の三者であろう。そして、現状、この三者の中で最大の牽引力を保有しているのが地元企業である。この点は、岡谷の非常に重要な特質といってもよい。他の地方小都市の現状からすれば、円高以降の十数年来、さらにバブル経済崩壊後の低迷状態の中では、地域中小企業で勢いのあるところは稀であり、「希望」を失っているところが少なくない。そうした地域の場合、地域工業活性化の掛け声をかけるのは自治体ということになり、なかなか期待通りにはいかない。むしろ、地域中小企業が主役になっている岡谷はレアケースといってよい。このあたりの地域中小企業主導のスタイルは、まさに「岡谷モデル」ということができる。

さらに、試験場は非常に良くサポートしており、地域中小企業からの信頼も厚い。この点も岡谷の大きな特徴として指摘できる。そして、意欲のある地域中小企業、また、技術支援機関として積極的な試験場を抱える市役所は、視線を常に地域中小企業に向けながらも、「黒子」に徹するという構えをみせている。先の「活性化事業」のメニューをみても、地域中小企業が活動しやすいことが常に配慮されている。例えば、先にみた「コーディネート活動支援事業」にまとめ上げられている中小企業を紹介するCD－ROMの製作、東京営業拠点の配置、企業小グループの形成促進、活性化資金の蓄積などの「ソフトな事業」は、地味ではあるが、確実に成果を上げているようにみえる。是非、地域産業活性化の主役であるはずの地域中小企業が活動しやすい環境を整えていくこと、また、企業では対応のしにくい情報の収集、他地域等との交流のサポート、大きな意味での人材の育成のための環境づくり等に積極的に踏み込んで欲しい。

先の「活性化計画」以後の課題としてあげられていた「人材育成」「モノづくりのアピール」「地域間の競争と連携」などの基本的な枠組みづくりに市役所の果たす役割は極めて大きいと思う。地域中小企業、試験場、市役所がお互いの持ち味を発揮し、未曾有の「岡谷モデル」を形成していって欲しいと思う。

さらに、今後の課題としては、地域の工業高校（岡谷工業高校）との交流、東京理科大諏訪短期大学との交流等を幅広く行い(4)、地域の幅の広い工業人材の育成にも踏み込む必要がある。地域の工業に関心を抱く「工業魂」に富んだ人材が地域工業に投入され、希望を抱いて仕事をしていくことが、地域の将来を決することはいうまでもない。また、信州大学工学部に関しては、現在、大学の敷地の中に設置されている「地域共同研究センター(5)」を岡谷に誘致し、試験場と合わせて地域の技術支援の機能を倍加させていくことも考えてよいと思う。

いずれにしても、「岡谷モデル」の際の産官学の連携のあり方は、地域中小企業が主導的な位置に立ち、市役所が試験場、工業高校、大学等との接着剤の役割を演じるという形が最も無理がないように思う。そうした意味では、市役所には地域工業振興に関する深い洞察力と各方面に対する目配り、さらに、粘り強い実行力が求められることはいうまでもない。

広域ネットワークの形成

「モノづくり」にこだわり、自らを高めることに大きなエネルギーを投入するという岡谷の工業者の意識には、気候風土の厳しい、そして遠隔の内陸の地という点が強く作用しているように見える。このことにより岡谷の人びとが内にこだわり、その反面で、広く世界に関心を寄せるという行動パターンが形成されているのであろう。先にみたアジア諸国地域に関心を寄せるＮＩＯＭや、また、バーチャル工業団地を形成し、世界に発信しようとする若者たちを広く生み出しているのであろう。それは地域の閉塞感への激しい反発のエネルギーといえそうである。そして、何らかの形で外の世界をのぞいた若者たちは、実にエキサイティングに地域の、さらに地域工業のあり方を熱っぽく語りあうのである。こうした熱気が現在の岡谷の一つの重要な特質であるようにみえる。他の地域ではこれほどの状況を経験することは少ない。

そうした意味では、岡谷の企業の視線は実に広い範囲に向いている。この点、市役所もそうした傾向に敏感に反応し、全国の工業集積の優越的な地域が結集する集団にも積極的に参加しながら、地域工業の拡がりの道筋をつけようと努力を重ねている。例えば、東大阪市が提唱し、全国の主要工業都市である燕、川口、墨田、大田、浜松、東大阪、八尾、尼崎、岡山が参加する「中　都市連絡協議会（通称：中小企業都市サミット）」の主要メンバーとして参加している。この「中小企業都市サミット」は、自治体関係に加え、地域中小企業の参加を含むトータルなネットワーク形成を意識し、試行錯誤を重ねながら、企業間、都市間の実質的な交流が深まることを目指しているのである。

さらに、もう一つ指摘しておくべきは、新たな機械工業集積を示し始めている岡谷は、周辺の工業集積地と連携し、より大きな深みのある工業集積を形成していくことに積極的であって欲しいという点である。この点、本書では十分にふれる余裕はなかったが、近年、日本の技術集積の中心であった京浜工業地帯の脆弱化は著しく(6)、全国の各地にそれなりの機能を保有する技術集積を分散的に形成していく必要が大きなものになり、さらに新たな芽も生まれつつある。例えば、岩手県北上川流域は現在では北東北の技術集積拠点として成長し、東北地方のセンターとしての役割を演じつつある(7)。また、新潟県の長岡から燕、三条に至る地域は上信越地域の技術集積拠点としての意義を高めつつある(8)。

こうした中で、諏訪盆地を中心に、塩尻〜松本周辺、茅野〜富士見周辺、伊那〜駒ヶ根〜飯田周辺にかけての新たな求心力に富んだ技術集積が形成されていくことが期待される。このエリアは機械工業に関する中小企業がおよそ五千といわれ、それらが新たなネットワークを形成していくことは、エリアだけの問題ではなく、より広い範囲での意義を高めていくことになろう。二〇〇一年二月には、諏訪湖を源流とする天竜川流域を意識して「ドラゴンバレー」宣言を行うなど、新たなイメージが鮮明化されつつある。そうした求心力に富んだ、新たなネットワーク型技術集積の形成に向けて、その指導的な位置にある岡谷の工業が一歩踏み込んで行くことが期待される。そして、このような新たな技術集積が形成されるならば、全国の地域産業振興、技術振興を願っている各地域に大きな勇気を与えることにもなろう。

そして、先にみた「工業魂」、独特な「産学官連携」、そして「広域ネットワークの形成」が重なりあい、岡谷は内に熱いエネルギーを蓄え、外に果敢に働きかけながら、新たな可能性をつかみ取っていくのであろう。その具体的な姿はこれから明らかになるのだろうが、現在、特に注目すべきは、精密機械以後の時代を引き継いだ第二世代、第三世代に属する若い経営者、後継者群が新たな可能性を信じ、一歩を踏み込んでいること、さらに、第一世代の長老、そして試験場、市役所などがそこから目を離さず、粘り強く支援の構えを示していることであろう。そうした取り組みの中から、新たな「岡谷モデル」というべきあり方が鮮明化されてくることは疑いない。二一世紀に向かう現在、岡谷の地域工業は自ら新たな「ステージ」を作り上げていくことになるのであろう。それは、全国に展開する地方小都市に大きな「希望」を与えることはいうまでもない。

(1) インキュベータについては、関満博・吉田敬一編『中小企業と地域インキュベータ』新評論、一九九三年、を参照されたい。
(2) 岡谷市・岡谷商工会議所『岡谷市工業活性化計画策定事業』一九九四年。
(3) 岡谷市・岡谷商工会議所『岡谷市工業活性化計画推進事業報告書～第二ステージに向けて～』一九九八年。
(4) 工業高校を地域の重要な人材育成機関としていくための取り組みについては、関満博『新「モノづくり」企業が日本を変える』講談社、一九九九年、を参照されたい。
(5) 国立大学の「地域共同研究センター」に関しては、関満博・大野二朗編『サイエンスパークと地域産業』新評論、一九九九年、を参照されたい。

（6）こうした問題については、関満博『空洞化を超えて』日本経済新聞社、一九九七年、を参照されたい。

（7）北上川流域の技術集積の動向に関しては、関満博・加藤秀雄編『テクノポリスと地域産業振興』新評論、一九九四年、関、前掲『新「モノづくり」企業が日本を変える』を参照されたい。

（8）長岡、燕、三条地域の技術集積動向に関しては、燕を扱った、関満博・福田順子編『変貌する地場産業』新評論、一九九八年、長岡を扱った、辻田素子「テクノポリス地域の展開——新潟県長岡市」（関満博・小川正博編『21世紀の地域産業振興戦略』新評論、二〇〇〇年）、を参照されたい。

著者紹介

関《せき》　満博《みつひろ》　（序章、第１章、終章）

辻田素子《つじたもとこ》　（第７章）

小田宏信《おだひろのぶ》　（第２章）

1966年　生まれ
1995年　筑波大学大学院博士課程単位取得退学
現　在　筑波大学地球科学系講師

長崎利幸《ながさきとしゆき》　（第３章）

1962年　生まれ
1984年　信州大学工学部卒業
現　在　㈲アーバンクラフト代表

一言憲之《ひとことのりゆき》　（第４章）

1946年　生まれ
1977年　慶應義塾大学大学院商学研究科博士課程単位取得退学
現　在　東京情報大学教授

加藤秀雄《かとうひでお》　（第５章）

1950年　生まれ
1974年　法政大学工学部卒業
現　在　福井県立大学経済学部教授

西澤正樹《にしざわまさき》　（第６章）

1956年　生まれ
1981年　武蔵大学人文学部卒業
現　在　㈲パス研究所代表、成城大学経済学部兼任講師

編者紹介

関《せき》　満博《みつひろ》

1948年　生まれ
1976年　成城大学大学院経済学研究科博士課程修了
現　在　一橋大学大学院商学研究科教授、経済学博士
著　書　『上海の産業発展と日本企業』(新評論、1997年)
『新「モノづくり」企業が日本を変える』(講談社、1999年)
『日本企業／中国進出の新時代』(新評論、2000年) 他

辻田《つじた》素子《もとこ》

1964年　生まれ
1988年　京都大学大学院文学研究科修士課程修了
現　在　一橋大学大学院商学研究科博士課程
著　書　『21世紀の地域産業振興戦略』(共著、新評論、2000年)
『挑戦する企業城下町』(共著、新評論、2001年) 他

飛躍する中小企業都市
―「岡谷モデル」の模索―　(検印廃止)

2001年6月10日　初版第1刷発行

編　者　関　満博
辻田素子

発行者　武市一幸

発行所　株式会社　新評論

〒169-0051　東京都新宿区西早稲田3-16-28　電話　03(3202)7391
振替　00160-1-113487

落丁・乱丁本はお取り替えします　印刷　新栄堂
定価はカバーに表示してあります　製本　協栄製本

ISBN4-7948-0525-X
Printed in Japan